부동산 투자 전문가 '농지오케이'의 실전투자 지침서

농지 투자 OK

농지 투자 OK

초판　1쇄 발행 2011년 6월 15일
개정판 8쇄 발행 2022년 9월 5일

지 은 이　윤세영
펴 낸 이　이기성
편집팀장　이윤숙
기획편집　이지희, 윤가영, 서해주
표지디자인 이지희
책임마케팅 강보현, 김성욱
펴 낸 곳　도서출판 생각나눔
출판등록　제 2018-000288호
주　　소　서울 잔다리로7안길 22, 태성빌딩 3층
전　　화　02-325-5100
팩　　스　02-325-5101
홈페이지　www.생각나눔.kr
이 메 일　bookmain@think-book.com

• 책값은 표지 뒷면에 표기되어 있습니다.
　ISBN 979-11-7048-204-8 [03320]

Copyright ⓒ 2022 by 윤세영, All rights reserved.
· 이 책은 저작권법에 따라 보호받는 저작물이므로 무단전재와 복제를 금지합니다.
· 잘못된 책은 구입하신 곳에서 바꾸어 드립니다.

생각나눔

개정판

부동산 투자 전문가 '농지 오케이'의 실전투자 지침서

이 책이 부동산 투자, 특히 농지 투자에 대한 두려움을 가진 분들께 자신감을 심어주고,
투자 대상으로서 농지의 가치에 대한 인식을 넓히는 실마리가 되고 '돈이 되는' 가치 있는
부동산에 투자할 수 있는 안목을 가지는 계기가 되었으면 하는 바람입니다.

농지투자
OK

저자 | 윤세영

들어가는 글

부동산중개 컨설팅을 하면서 부동산에 대하여 몰라서 당하거나 또는, 대박의 함정에 빠져서 부동산 투자에 실패하는 분들을 자주 보았습니다. 그동안 나름대로 강의와 글, '다 같이 부자 되기'란 인터넷 카페 운영 등 다양한 방법을 통해 부동산 투자에 관한 많은 것을 알리고 나누려 했지만, 한계가 있었습니다.

또한, 농지 투자에 큰 관심을 두면서도 방법과 절차를 몰라서 못하는 분이 뜻밖에 많은 것을 보고 투자 '지침서'를 한 번 써보겠다는 막연한 생각으로 자료를 모아 왔습니다. 자료는 모았지만, 막상 책을 내려니 망설여지고, 자료를 다시 쓰고 다듬으며 분류, 정리하려니 엄두가 나질 않아 또 한 번의 주저함이 찾아왔습니다. 하지만, 준비가 어렵고 나의 지식과 경험이 보잘 것 없더라도 이를 필요로 하는 분이 있을 것이란 생각으로 용기를 냈습니다.

쉽지 않은 과정에서 저 자신을 채찍질하는 마음으로 포기의 유혹을 뿌리치며, 결국 그동안의 경험담을 함께 나누는 기회를 얻게 되었습니다.

　저는 23년간 농업직 공무원으로 근무하였습니다. 이천시에서는 농촌지역의 주택이나 창고 등 개인의 농지전용이나 거래 업무를 담당하였고, 부천시에서는 중동, 상동 신도시와 같은 도시지역의 대단위 농지전용이나 거래관리 등의 업무를 맡았습니다. 농촌과 도시 모두에서 농지 관련 업무를 두루두루 처리하다 보니, 부동산, 특히 농지에 대한 전반적 지식을 익힐 기회와 행운을 가졌습니다.

　IMF 외환위기가 오면서 위기는 기회라는 생각으로 공무원 생활을 그만두고, 그동안 익힌 농지에 대한 실무를 바탕으로 농지와 임야라는 전문중개업 분야에 뛰어들었습니다. 당시 부동산 투자에서 농지와 임야 분야는 생소했고, 그 중개는 전문성도 떨어질뿐더러 소수의 부동산 투자자와 지역의 유지나 부자들에게 독점된 분야였습니다. 그래서 더욱 전문중개업 분야로서 개척이 필요했고, 23년간 쌓은 경험과 지식에 노력을 더한다면 전문성과 노하우로 충분히 승부를 걸만하다고 판단했습니다.

부잣집에서 태어났거나 횡재를 하지 않는 이상, 처음부터 부동산에 투자하여 돈을 벌 수는 없을 것입니다. 그런 행운을 타고났더라도 부동산에 투자하여 쉽게 돈을 벌 수는 없습니다. 이렇게 말하면 일부는 한두 번 대박을 낸 일이 있다거나 그런 걸 보았다고 반박하는 사람도 있겠지만, 저는 일반적으로 또는 지속적으로 그럴 수 없음을 말하는 것입니다.

내가 말하는 것은 많은 부분에서 그렇다는 일반적인 주장이며,

절대 모두가 그렇다는 주장은 아닙니다. 앞으로의 글 내용도 많은 사람이 결정하고 실천하는 방식이나 행위에 관한 주장으로, 일부 다른 의견이나 방법도 가능함을 더불어 인정하므로, 공연한 시비가 없기를 미리 밝혀 둡니다. 모든 경우에서 다소의 예외는 존재하기 마련이니까요.

부동산이란 우리가 태어나면서부터 죽을 때까지, 죽어서까지도 인간 생활과 떼어 놓고 말할 수 없습니다. 애써 부동산은 나와는 상관없는 것으로 외면하려고 한들 어디 잠시라도 우리가 부동산과 떨어져서 살아갈 수 있습니까? 우리는 어려서부터 많은 것을 가정이나 학교, 사회에서 배우고 자랍니다. 그런데 정작 인간과 떼려야 뗄 수 없는 부동산에 대해서는 아무도 알려주지 않습니다.

부동산이 우리에게 주는 의미는 무엇일까요? 안락한 보금자리인 가정을 꾸릴 터전을 주고, 돈을 벌어 올 수 있는 공장이나 사무실 등 일터를 제공해주거나, 직접 장사를 하거나 공장을 운영하는 등 사업하는 터전을 제공해 주기도 하고, 때로는 더욱더 많은 부동산을 보유하여 임대사업을 할 수 있는 수익성 안전 자산이 되기도 합니다. 그리고 죽어서는 내가 묻히거나 안치되는 묘지 등으로 질긴 인연을 이어 갑니다.

이렇게 인간 생활과 밀착된 부동산에 대해 언제 우리가 배우고 익힐 기회가 있었던가요? 부모님에게서 어려서부터 보고 듣고 자랐나요? 학교에서 부동산의 중요성이나 경제적 가치를 배워 본 적이 있나요? 사회에 나와서는 누가 부동산에 대해서 제대로 알려주던가요? 이처럼 부동산은 누가 알려주지도, 가르쳐주지도 않고 스스로 부딪히면서 깨우쳐야 하는 것이 현실입니다.

지금이라도 늦지 않습니다. 지금껏 잘 버티며 여기까지 살아왔는데 하시겠지만, 남은 인생을 더욱더 여유롭게 살자면, 지금부터라도 마음을 다잡고 우선 나부터 부동산이 무엇인지를 알아야 합니다. 그리고 나의 자식이나 내 주변에 있는 사람들에게도 알려야 합니다. 나 혼자만 알고 있어서는 안 됩니다. 내 주변도 깨우쳐 주어야 하고, 바로 실천으로 이어질 때 내 자산이 된다는 것도 깨달아야 합니다.

이제부터라도 부동산 공부나 투자를 취미로 삼고 즐겨 봅시다. 부동산에 대한 관심과 공부, 실천은 나로부터 부부가, 그리고 가족이 함께해야만이 그 힘이 커지고 또한 오래오래 지속하고 이어져 갈 수가 있습니다.

부동산 공부와 투자를 평생의 취미로 삼고 실천하여 여유로운 인생을 살아갈 수 있다면, 우리가 모두 꼭 실천해야 하는 일이 아닐까요? "나는 취미가 축구야, 낚시야, 등산이야…." 이러한 취미 생활 하지 말라는 것이 아닙니다. 이런 취미생활이나 일상생활 하면서 지금보다 조금만 더 부동산 공부와 투자에 시간을 할애하자는 것입니다. 모든 걸 포기하라는 것이 아니고 취미생활을 한 가지 더 만들자는 것뿐입니다.

오늘 당장 새로운 취미를 실천합시다. 당장에 경제뉴스부터 챙겨 보고, 부동산에 조금 더 관심을 둬 봅시다. 새로운 무언가가 보일 것입니다. 그러다 보면 더욱 여유롭게, 사람답게 살 수 있는 미래가 당신을 기다립니다.

부자로 살고 싶다면 남들보다 수천수만 배의 노력과 희생이 있어야 가능한 일입니다. 모든 걸 다 걸고 뛰어들어도 큰 부자가 되기는 쉽지 않습니다. 부자가 되는 지름길은 우선은 자기가 하는 일에 최선을 다해야 합니다. 그리고 자투리 시간을 할애하여 부동산 투자나 재테크에도 관심을 두고 실천해야만 합니다.

그동안의 행정경험과 부동산중개컨설팅 현장의 생생한 사례, 그리고 '다 같이 부자 되기' 카페 회원들과의 정보공유 사례 등을 가지고, 부동산 투자의 꽃이라는 토지, 그중에서도 농지 투자에 대하여 여러분과 진솔한 이야기를 나누고자 합니다.

이 책이 부동산 투자, 특히 농지 투자에 대한 두려움을 가진 분들께 자신감을 심어주고, 투자 대상으로서 농지의 가치에 대한 인식을 넓히는 실마리가 되었으면 합니다. 또한, 실전 투자에서 나타나는 많은 함정을 피할 수 있는 노하우를 습득하는 것은 물론 '돈이 되는' 가치 있는 부동산에 투자할 수 있는 안목을 가지는 계기가 되었으면 하는 바람입니다.

끝으로 이 책을 읽으시는 독자님들!

항상 건강하시고, 웃음꽃 피우는 행복한 가정 이루시며,

모두 모두 '부자' 되시길 바랍니다.

윤 세 영 드림

목 차

Part 2 농지 투자 노하우와 실전 사례

Part 3 돈 되는 농지 투자 재테크

Part 1

농지 투자
이것만은 알고 하자

시작하며

우리는 살아가면서, 그리고 부동산 투자를 하면서 직·간접적으로 수많은 법률 등은 물론이고, 관습법 등에 의한 규제와 제약을 받고 있습니다.

부동산 투자와 관련한 법규가 110여 개에 달하고, 관련 규정이나 조례까지 합하면 400여 개에 달한다고 합니다. 이 많은 관련법을 어떻게 다 알고 다 이해하겠습니까? 법, 규정 모두를 알아야 하는 것은 아니고 외워야 할 필요도 없습니다. 어디, 어느 법에, 어떤 규정이 있다는 것을 대략 알면, 나머지는 필요할 때 그 법 규정을 찾아보면 됩니다. 대신 법에서 정의하는 내용을 정확히 이해해야 합니다. 오히려 우리는 관련법규를 이해하는 데서 오는 혼동이나 자의적 해석 등으로 인하여 투자에서 큰 손실을 보는 경우가 자주 있습니다.

일상생활에선 물론이고, 특히나 부동산관련 법규 등을 해석함에 있어서는 매우 엄격하고 보수적으로 해석하는 것이 투자자로서는 바람직한 자세라고 봅니다. 이는 법규 등의 혼란이나 다툼으로 인한 손해를 줄일 수 있어서 결국은 투자에서 원하는 바를 제때에 얻을 수 있다고 보기 때문입니다.

때로는 편법이나 불법이라는 것도 투자의 한 방편이 될 수는 있습니다. 그러나 크게 보는 투자자라면 결코 이런 유혹에 빠져서는 안 될 것입니다. 가끔은 이런 무용담에 귀가 솔깃해질 수도 있으나, 이러한 것들은 그때 그 시절 한때의 투자법은 될지언정 진정한 투자의 모델이 될 수는 없습니다.

그래서 이번 장에서는 농지에 투자하려면 어떻게 해야 하는지를 알아보고, 투자하는 과정을 따라가면서 반드시 지켜야 할 것과 주의해야 할 것을 살펴보며, 농지 투자에 대한 의욕과 자신감을 갖게 하고자 합니다.

1

부동산 투자의 꽃 '땅 투자' 제대로 알고 하자

부동산 투자 대상으로서의 땅 투자는 매우 매력적이고 한 번쯤은 해볼 만한 좋은 투자대상이라는 것은 누구나 보고 들어서 잘 알고 있을 것입니다.

그러나 막상 땅에 투자하려고 하면 어떻게 해야 하는지를 도저히 알 수가 없는 것이 현실입니다. 물론 일부 교육기관 등에서 토지전문가 과정이나 토지 투자 강의를 하고 있지만, 땅 투자에서 원시림인 농지를 어떻게 구입하고, 관리하고, 처분하는지에 대하여는 제대로 알려 주는 곳이 없습니다. 하나같이 '투자해서 개발 후 매도하면 돈이 된다. 개발을 하려면 어떻게 해라.' 하는 식의, 땅 투자라기보다는 개발을 부추기는 방법만 말하곤 합니다.

이 책에서 필자는 공무원 생활에서 얻은 지식과 부동산 중개컨설팅을 하며 얻어진 현장의 생생한 실제 사례를 가지고, 농지 투자에 대한 정확한 정보를 제공하여 진정한 농지 투자로 돈 버는 방법들을 함께 생각하고자 합니다. 그리고 잘 보존 관리하다가 후손에게 넘겨주어야 할 이 땅에 대한 사명과 의무를 다하면서도 나 혼자가 아닌 다 같이 부자 되는 방법을 찾아보고자 합니다.

사람이 살아가는 데 부동산이란?

지금까지 살아오면서 부동산 한두 번 사고팔거나 이사 한 번 해보지 않은 사람은 없을 것입니다. 사람들은 누구나 태어나면서부터 죽을 때까지 부동산과 떼어 놓고 살아갈 수는 없습니다. 그만큼 부동산과 사람은 떼어 놓고 말할 수는 없다고 봅니다. 다만, 여기서는 농지 투자에 대하여 주로 이야기를 해보고자 합니다.

부동산 투자 대상으로서의 농지란?

부동산 투자 대상으로서의 '땅'이란 매우 매력적인 대상이라고 말할 수 있습니다. 우선 투자자들이 농촌에서 농사를 업으로 하는 분들이 아닌 경우에는, 전체 투자자의 5%도 안 될 정도로 땅 투자를 하시는 분들이 극히 제한된 숫자란 것입니다.

대부분 사람은 부동산하면 아파트나 주거용 조금 더 나아가 상가 등을 거론하는 정도입니다. 하지만 이는 토지 투자자들이 보기에 어린아이 장난하는 수준밖에 안 됩니다. 실제 내로라하는 주거용 부동산 투자자들도 땅에 투자하는 것은 엄두도 내지 못합니다. 이는 땅이란 정가도 없고, 무에서 유를 창조해 내는, 예측이 불가한 상상력과 경험만이 통용되는 시장으로서, 돈이 된다는 것을 알면서도 쉽게 접근하기 어려운 분야이기 때문입니다.

현재의 압구정 현대아파트를 예로 들어 보고자 합니다. 73년 당시 배 밭이었던 이곳의 땅값은 3.3㎡(1평)에 17,000원이었다고 합니다. 지금 현재 이 땅의 가격이 1억 원이라면 5,882배가 되었습니다. 75년 당시 이 아파트의 분양가는 40만 원 안팎으로 프리미엄 포함해서 44만 원 정도였다고 합니다. 1억 원을 잡아도 227배밖에는 안 됩니다.

그런데 사실 이 아파트 가격도 땅값이지, 실제 건물에 대한 가격은 아니지 않습니까? 물론 모두가 이렇지는 않지만, 아파트와 토지의 투자수익에 대한 차이를 알아보고자 비교해 봤습니다. 이런 예가 아니더라도 우리는 땅 투자로 대박을 터트렸다는 사람들 이야기를 누구나 귀 아프게 들어 봤을 겁니다.

땅 투자 무엇이 어려운가?

아마도 첫 번째는 도대체가 땅값을 알 수가 없다는 것입니다. 두 번째는 이 땅을 어떻게 이용하여야만 최유효로 활용할 수 있는지가 판단되지 않는 것입니다. 또 하나는 과연 어떻게 관리해야 가치를 높일 수 있는지 모른다는 것입니다. 이 외에도 용도가 명확히 정해진 건물만을 보던 시각으로 보면, '맨땅에 헤딩'이라는 생각이 들고, 생각나느니 아파트나 건물을 지으면 어떨까만 떠오르지요. 이처럼 그냥 생각만 해도 눈앞이 캄캄하게 느껴진다는 것입니다.

아파트나 상가 등 건물들은 그 가격이 어느 정도 정해져 있습니다. 마치 우리가 마트나 시장에서 쉽게 접하는 공산품과 같다는 것입니다. 그러나 토지는 도로에 접했느냐, 접하지 않았느냐의 개별적 개발가치 여부와 그 땅에다 공장, 가든, 팬션, 단독, 창고 등 어떤 건물을 지을 수 있느냐를 결정하는 어떤 용도에 속해 있느냐에 따라 가치가 달라집니다. 또는 그 지역을 신도시나 택지개발 등으로 개발하는 개발지역에 속하느냐 속하지 않느냐, 속하지 않는 경우라면 뒤쪽이냐 앞쪽이냐에 따라서 달라집니다.

또는 농촌지역에 속하느냐, 도시지역에 속하느냐에 따라서 같은 지목이라도 달라집니다.

땅이란 마치 산에 있는 나무나 광산에서 캐낸 금속이나 밭에서 채취한 농산물과 같습니다. 즉, 이것들이 어떻게 가공하고 요리하느냐에 따라서 그 가치가 달라지듯이 땅 역시도 어떻게 활용하느냐에 따라서 그 가치가 무한히 달라지는 것입니다. 그래서 땅을 쳐다보거나 투자한 사람들의 성공 실패담을 들어봐도 도대체 알 수 없고, 도깨비장난 같다는 생각밖에 들지 않아 머릿속이 더 혼미해지는 것입니다.

토지란 투자자가 생각하는 대로 이루어지는 요물입니다. 믿음과 사랑으로 보살피고 가꾸면 거기에 비례해서 수십, 수백 배로 보답하고, 찢고 까부르고 방치하면 그것에 맞게 헐값에 날려버리게 되어 있습니다. 땅이란 투자자가 생각하고 키우는 대로 커 나가는 그런 물건입니다. 이미 지어진 아파트나 건물이 아니라는 것입니다.

누구에게나 대박 나는 그런 부동산은 없다

누구에게나 대박을 내주는 그런 부동산은 없습니다. 그런데도 투자자들 누구나 그런 부동산을 원하고 있습니다. 지금도 땅에 투자한다면서 1년에 두 배, 3년에 세 배가 되는 땅이 있으면 투자하겠다고 합니다. 이 세상에 그런 땅은 없습니다. 물론 그런 부동산이 걸려들 수는 있습니다. 또한, 현장에서 흔히 벌어지는 일이기도 합니다.

이는 정보를 가지고 잘 분석하고 판단하였거나 정부정책과 시책으로 인한 수혜, 그 부동산에 가장 적합한 조건으로 최유효이용 등 최고의 수익을 낼 수 있는 조건을 충족해 주어 대박이 난 것으로 보아야 합니다. 그렇지 않으면 생각하지도 못한 개발 등으로 운이 따라 주어야만 가능합니다.

부동산 하면 누구나 생각하는 바로 그곳! 바로 명동의 상가부지가 좋은 것은 누구나 다 압니다. 그렇다고 그 땅이 누구에게나 다 좋은 것은 아니라고 한다면 억지일까요? 그곳에서 장사하려는 사람이나 임대를 하려는 경우에는 매우 좋은 부동산이라 말할 수 있습니다. 그렇다고 직접 장사를 하는 경우에도 누구에게나 좋은 자리라고 할 수는 없습니다. 거기에 적합한 장사를 하려는 경우에 좋은 것이지, 그곳에서 야채나 과일 장사를 하면 과연 최선일까요? 농사를 지으려는 사람에게 그 땅은 과연 좋은 땅일까요? 단독주택을 지으려는 사람에게는? 바로 이렇게 누구에게나 다 좋은 부동산은 없다는 것입니다.

땅 투자를 위한 전문가를 만나야!

지금은 '전 국민의 부동산전문가 시대'라고 말할 수 있습니다. 너도나도 이곳저곳의 부동산 전문가과정을 이수하고는 전문가라고 합니다. 사회교육원, 평생교육원, 문화센터, 학원, 개인 등 부동산 재테크 강좌가 이루 헤아릴 수 없어 그만큼 부동산에 대한 지식을 접할 기회가 많기 때문입니다. 성공한 사례나 몇 가지 투자사례 등을 듣고 나면 마치 모든 걸 다 아는 전문가처럼 행세하기도 합니다. 그러나 이것은 산수를 배웠다고 수학자라고 하는 것과 같습니다. 우리가 하루하루를 사는 것이 똑같은 것 같지만 다르듯이 어느 것 하나 똑같은 경우는 없습니다.

23년간 농업직 공무원으로서 부지기수의 농지업무를 처리하였고, 22년간 농지 중개컨설팅을 해온 나도 농지 투자를 어떻게 해야 하는지 이제서야 조금 알 것 같은 정도입니다. 이것이 농지 투자의 실상이라면 엄살이라고 하거나 실력이 없다고 말할지 모르지만, 실제로 기발하고 새로운 투자방법이 계속 나오기 때문에 정신을 차리지 못할 정도로 모르는 것이 많습니다. 한번은 내가 모 아카데미 토지전문가 과정의 강의를 하면서 전문가가 아닌 일반인이 투자하는 경우에 맞췄더니 한 원생이 자신은 이 과정을 수료하면 전문가가 되니 전문가에 걸맞은 강의를 해 달라고 요구했습니다. 할 말이 없었습니다. 부동산 전문가란 그렇게 쉽게 얻어지는 것이 아닙니다.

부동산 전문지식을 얻는 것은 좋은 교육기관에서 훌륭한 교수님의 지도도 받아야 하지만, 이를 바탕으로 부동산에 투자할 때도 내가 얻은 정보나 나의 지식을 과신하지 말고, 동료나 친지, 전문가의 조언을 얻을 줄도 알아야 합니다.

부동산 투자 제대로 하는 방법들에 대한 다른 생각

부동산 투자에서 땅 투자를 제대로 하는 방법은 무수히 많고, 그 사례도 헤아릴 수 없습니다. 저는 이처럼 많은 방법 중 일반인에게 널리 알려진 몇 가지를 조금 다른 시각에서 접근하여 정리해 보고자 합니다.

＊전문지식을 습득해야 한다

투자자들이 전문지식을 습득할 필요는 없다고 봅니다. 필요할 때 조언을 받을 전문가를 옆에 두면 됩니다. 꾼들에게 걸려들지 않고 투자물건에 대한 설명을 알아들을 정도면 됩니다.

＊발품을 팔아라

지금은 옛날처럼 덮어 놓고 현장으로 돌아다녀서는 안 됩니다. '눈품', '손품', '귀품'부터 팔아야 합니다. 요즈음은 인터넷에서 위성사진이나 3D까지 다 볼 수 있는 세상입니다. 최종 결정을 하기 전에 마지막 현장 확인만 하면 됩니다.

＊고급정보가 돈이다

고급정보가 아니라 정보를 분석하고 판단하는 능력을 키워야 합니다. 아니면 전문가를 믿고 투자하는 것이 좋습니다. 여기서 전문가란 어느 날 갑자기 걸려온 전화나 어느 날 강연에서 만난 전문가를 말하는 것이 아니고, 그동안 지켜보면서 신뢰할 수 있는 주변의 중개업자나 전문분야의 종사자를 말하는 것입니다.

＊부동산은 타이밍이다.

대부분은 구입하는 시기에만 신경을 씁니다. 부동산은 처분하는 시기와 처분할 때 수요자를 보고 투자해야 합니다. 즉 3년 후, 5년 후 등 언제 매도할지, 어떻게, 누구에게, 얼마 정도에 매도할 것인지를 미리 예측하고 투자하는 것이라고 말할 수 있습니다.

＊부동산 투자는 저질러야 한다.

아무것도 모르고 남이 하니까, 옆집 누가 했으니까 하는 것이 아니라, 많은 정보와 자료를 분석하고 판단하여 결정하고, 항상 준비하고, 그리고 확신을 갖고 과감하게 실천해야만 돈을 벌 수가 있습니다.

성공하는 부동산 투자법

"부동산 투자에서 정답이란 없다."

"이 세상에 공짜는 없다." 등이 통용하는 부동산 시장에서 무작정 뛰어들거나 기다리고만 있는 사람에게 주어질 과실은 없습니다. 부동산 투자로 성공하는 길은 오직 노력과 열정과 실천이 있어야만 합니다.

- 꾸준한 관심을 갖고, 지식을 축적하고, 정보를 수집 분석하며, 실력을 키워야만 한다.
- 준비를 철저히 하고, 투자금을 모으고, 불리고, 동원할 수 있는 능력을 키워야 한다.
- 기회가 되면 투자하고, 이때다 싶을 때는 과감하게 투자를 하는 배짱을 키워야 한다.
- 부동산은 생물이다. 마치 내 자식 키우고 사랑하듯이, 아끼고 살피는 관리로 누구나 탐내는 좋은 물건으로 다듬고 만들어야 한다.
- 땅에 투자한 후에는 잘 관리하다가 필요로 하는 사람에게 아낌없이 넘겨주어야 한다. 그리고 다시 투자하여라.

땅 투자는 노후생활을 보장해 준다

돈을 벌고 있을 때 농지에 투자해 둔다면 노후가 든든하고 열 아들 안 부러우며, 요즈음 말하는 개인연금은 더더욱 부러울 리가 없습니다.

땅이란 것이 인플레 헤지(hedge, 대비책) 현상이 있어서 안정 적이라 할 수 있고, 직접 농사를 지으면 소일거리와 함께 부식 대 부분을 자급자족할 수가 있습니다. 농사를 짓지 못하더라도 요즈 음은 농지연금제도가 있어서 노후생활을 보장받을 수도 있습니 다. 개인연금이니, 보험이니, 금융상품을 권하는 분들이 과연 당신 의 노후를 걱정해서 하는 것은 아닐 것이고, 인구가 줄어서 연금이 바닥난다고 아우성인데, 공적연금은 물론 개인연금이라고 안심할 수 있을까요? 농지는 적어도 이러한 우려 없이 최소한의 생활유지 는 보장해 준다면 과장일까요?

토지는 유난히 대박 이야기가 많습니다. 주식이나 일반 주택은 비교가 안 되고, 로또에 비견될 만합니다. 이것은 토지의 특성 때 문에 그렇습니다. 토지는 필요한 땅이 될 때는 완전 '독점'이 됩니 다. 그 땅은 전 우주에 유일무이하므로 대체재가 없습니다. 그러나 필요 없을 때는 경제재로의 가치조차 없습니다. 즉, 상품 자체가 아닙니다. 그래서 개발계획이 중요하고, 도로가 중요하고, 필요한 땅이 되는가, 아닌가가 중요합니다. 결국, 필요한 땅이 되면 아무 것도 아닌 것에서 신데렐라가 탄생합니다.

우리 모두 준비된 토지 투자로 대박 한번 터트려 봅시다.

대박!!!

2

땅 투자의 꽃 '농지 투자' 제대로 알고 하자

지금부터는 농지 투자를 제대로 하기 위해서 필요한, 다소 따분하고 지루할지 모르지만, 농지에 대한 전반적인 것을 함께 살펴보고자 합니다.

농지법에서의 용어 정리

법, 용어 정리라고 하면 골 아파하고, 다 아는 것이라고 무시할 수 있으나, 이 용어만 확실하게 파악하면 농지 투자에서 절반은 성공한 것이라 할 수 있습니다. 그래서 여기서는 간단하게 짚어 보지만, 자세한 법률 조항 등은 항상 직접 찾아보는 수고를 하서야 합니다.

농지란?

농지법에서는 지목이 전, 답, 과수원, 유지, 구거, 제방은 모두 농지이고, 그 외의 타 지목으로서 농지의 형상을 유지하고 농작물을 3년 이상 재배하고 있다면 일단은 농지라고 보면 됩니다. 그러나 농지의 형상을 유지하지 아니한 임야 등에 밤나무 등을 재배하는 것은 농지가 아닙니다.

알고 가자!

농지로서의 인정 여부가 반드시 유리한 것은 아니므로, 지목이 농지가 아닌 경우에는 유·불리를 잘 따져보고 유리할 때는 농지로, 불리할 때는 원래 지목으로 활용하는 것이 농지 투자 관리에서 반드시 필요함.

농업인이란?

농지법에서는 1,000㎡ 이상의 농지에서 농작물, 다년생식물을 경작·재배하는 자, 1년에 90일 이상 농업에 종사하는 자, 330㎡ 이상의 농지에 비닐하우스 등을 설치하고 농작물 등을 경작·재배하는 자, 대 가축 2두, 중 가축 10두, 소 가축 100두, 가금 1,000수, 꿀벌 10군 이상을 사육하는 자, 1년에 120일 이상 축산업에 종사하는 자, 농업경영을 통한 판매액이 연간 120만 원 이상인 자를 농업인이라고 합니다.

농업인은 농지를 반드시 소유해야 하는 것도, 농지원부가 반드시 있어야 하는 것도, 농지 소재지에 반드시 주민등록이 되어 있어야 하는 것도, 농지를 반드시 자경해야 하는 것도 아닙니다. 농지의 투자 관점에서 농업인에 대하여는 농지법상의 농업인에 대하여만 적합하면 되겠지만, 이왕이면 다른 법에서 규정하는 농업인도 함께 알아두었으면 하고 관련 법규를 나열하니 찾아보기 바랍니다. 특히 소득세법과 조세특례제한법의 농업인과 재촌 자경 규정은 꼭 알아두시기 바랍니다.

알고 가자!

농어업, 농어촌 및 식품산업 기본법, 농어업 경영체 육성 및 지원에 관한 법률, 농업인확인서 발급규정 제4조(농업인 확인방법), 소득세법, 조세특례제한법

농지를 취득하는 방법은?

농지법에서는 "농지를 취득하고자 하는 자는 농지의 소재지를 관할하는 시장, 구청장, 읍장 또는 면장으로부터 농지취득 자격증명을 발급받아야 한다."라고 규정하고 있습니다. 다만, 토지거래

허가구역의 일정면적 이상은 토지거래허가를 받아야 하며, 상속. 시효취득, 도시계획구역 내의 협의 농지는 증명이나 허가 없이도 취득할 수 있습니다.

농지원부란?

농지법에 의거 농지의 소유 및 이용실태를 파악하여 효율적으로 이용, 관리하기 위하여 작성, 비치하면서 농지관리 및 농업정책의 기초자료로 활용하기 위한 장부입니다.

농지원부는 농지의 소유권확인, 세금감면 증명, 농협대출 등을 위해 작성하는 것이 아니며, 특히 세금감면자료 인정 여부는 세무기관에서 판단할 사항이므로 농지원부는 등본 교부 목적에 관계없이 발급 가능합니다.

재촌자경(在村自耕)이란?

농지 투자에서 가장 중요한 것은 재촌 자경에 대한 용어를 완전히 숙지하여야 하며, 특히 농지법과 세법에서의 다른 점을 잘 알아두어야 합니다. 그리고 구입, 관리, 처분할 때까지 재촌 자경 조건을 충족할 수 있도록 최선을 다하여 실천하는 것이 농지 투자의 결정판입니다. 농지 투자에서 이 부분은 매우 중요하므로 강조하고 또 강조해도 지나침이 없습니다.

재촌이란?

농지 소재지, 농지 소재지와 연접한 시·군·구에 거주하는 자, 농지 소재지로부터 30킬로미터 이내에 거주하는 자를 말합니다. 여기서 거주하는 자라 함은 주민등록상 주소지가 되어 있어야 합니다. 그럼 토지소유자만 거주하면 되느냐에 대한 것인데, 물론 법상으로는 토지소유자만 거주하면 됩니다. 그러나 실제 거주하여야 한다는 의미이므로, 온 가족이 주민등록이 되어 있다면 그래도 거주 인정이 될 것이고, 적어도 부부만이라도 주민등록이 되어 있다면 더 거주 인정이 쉽겠지요. 그러나 여러분이 담당공무원이라면 30대 주부가 초등학생 자녀와 남편과 떨어져 혼자 시골로 와서 거주하고 있고, 그것도 논이나 밭 1,000여㎡를 농사짓고 있다면, 여러분은 그 사실을 믿어줄 수 있을까요? 따라서 '재촌이란 법에서 정한 지역에 주민등록이 되어 있고 실제로 거주하는 자'라고 정의할 수 있습니다.

자경이란?

"거주자가 그 소유농지에서 농작물의 경작 또는 다년생(多年

性)식물의 재배에 상시 종사하거나, 농작업의 2분의 1 이상을 자기의 노동력에 의하여 경작 또는 재배하거나, 1년에 90일 이상을 농사에 종사하는 것을 말한다."라고 법에 규정하고 있습니다. 농지법에서는 본인과 가족 등이 농사를 짓는 것이고, 세법에서는 소유자가 직접 농업경영을 해야만 한다는 것입니다. 즉, 부인의 소유인 토지를 남편이 경작했을 경우 농지법에서는 농업인 가족으로 보아 자경으로 인정하지만, 소득세법이나 조세특례제한법에서는 직접 자경을 하지 않은 것으로 봅니다. 따라서 농지를 구입하였다면 그 순간부터는 소유자가 주된 경작자이고, 다른 가족들은 농사를 돕는 것이고, 농기계 임차나 품을 사서 농사를 짓는 것 등 소유자가 농사일은 물론 그 비용 일체를 지불하여야 한다는 것입니다. 그러므로 '자경이란 소유자가 자기소유 농지에서 직접 농사를 지어야 한다.'라고 보아야 합니다.

농지처분명령이란?

처분대상 농지란 '96.1.1. 이후 취득한 농지를 농업경영계획서대로 농작물을 경작하지 아니하고 휴경하는 농지이며, 처분대상 농지는 통보 후 1년 이내에 처분하여야 하고, 처분 기한 내에 처분하지 아니하는 경우에는 공시지가의 20/100의 이행 강제금을 처분 시까지 부과하는 제도입니다.

알고 가자!

농지법에서 농지처분의무규정은 농지법이 시행된 96.1.1. 이후 취득한 농지에 한하여 적용하며, 상속, 이농 등으로 취득 보유하는 농지는 처분대상이 아닙니다.

농지 투자의 매력 양도세 감면 제도

세법에서는 재촌 자경하고 농지를 매도하거나 수용되는 경우 등에는 양도세를 감면해 주고 있습니다. 8년 이상 재촌 자경은 1억 원, 종전농지포함 8년 재촌 자경하고 대토할 때에는 1억 원, 농지가 공익사업 등으로 수용될 때에는 10%를 감면해주는 것입니다. 마치 주거용에서 1가구 1주택 3년 보유(일부는 거주요건 있지만)하면 비과세인 것처럼, 농지에서 주어지는 감면제도를 잘 활용한다면, 투자수익을 극대화할 수 있는 것입니다. 따라서 똑같이 농지에 투자하고도 누구는 50% 세금을 내고, 누구는 40%를 내며, 누구는 내지 않아도 되는 경우가 바로 재촌 자경 농지의 양도세 감면 혜택을 어떻게 활용했느냐에 따른 것입니다.

토지거래허가란?

농지취득 자격 증명 이외의 토지거래허가 대상은 국토의 계획 및 이용에 관한 법률에서 정한 토지거래 허가구역 내의 일정 면적 이상의 토지로서 이의 거래 시에는 토지거래허가를 받아야 합니다. 토지거래 허가지역에서 농지를 취득하려면, 토지 소재지에 전 가족이 거주해야만 합니다. 다만, 농업인인 경우에는 인근 30킬로미터 이내에 거주하여도 가능하며, 수용 등으로 대체 취득하는 경우에는 주소지로부터 80킬로미터 이내 토지도 가능합니다.

허가대상면적 기준은 주거지역은 180제곱미터 이상, 상업지역은 200제곱미터 이상, 공업지역은 660제곱미터 이상, 녹지지역은 100제곱미터 이상, 도시지역 안에서 동 법령 제30조 각 호의 규정에 의한 용도지역의 지정이 없는 구역은 90제곱미터 이상, 도시지역 외의 지역은 250제곱미터 이상, 다만, 농지의 경우는 500제곱미터 이상으로 하고, 임야의 경우는 1천 제곱미터 이상으로 하고 있습니다.

토지이용 의무 기간은 농업을 영위하기 위한 목적으로 허가를 받은 경우에는 토지의 취득 시부터 2년, 대체 토지를 취득하기 위하여 허가를 받은 경우에는 토지의 취득 시부터 2년(세법에서의 양도세 감면 유효기간은 3년과 혼동하지 마시길), 축산업·임업 또는 어업을 영위하기 위한 목적으로 허가를 받은 경우에는 토지의 취득 시부터 3년으로 규정하고 있습니다.

이러한 용어는 가급적 숙지하면 좋겠으나, 굳이 법 조항을 달달 외울 필요까지는 없고, 어느 법령 어디에 있는지를 찾을 수 있으면 됩니다.

3
농지 투자의 필수 조건

농지 등 토지에 투자하기에 앞서서 다음과 같은 사항들을 점검하고 확인하여야 합니다. 무작정 남이 하니까 나도 따라 해서는 성공을 할 수가 없습니다. 부동산 투자란 투자하는 목적이나 사연들도 구구절절하게 많듯이, 그만큼이나 투자의 성공과 실패 요인도 많기 때문입니다.

투자 목적을 분명히 밝혀라

농지에 투자할 때에 막연히 나이 들고 할 일 없을 때 어쩌겠다는 등의 생각이라면 안 됩니다. 농사를 지으려고 하는 것인가? 전원생활을 하고자 하는 것인가? 노후의 생활안정을 위한 것인가?

그리고 특수작물을 재배하고자 하는 것인가? 전원주택이나 팬션 개발을 위한 것인가? 낙향하고자 하는 것인가? 높은 투자수익을 창출하기 위한 투자인가 등 끊임없는 자기 자신과의 질문과 답을 통하여 목적을 분명히 밝혀야 하는 것입니다.

투자 지역을 명확히 설정하라

막연히 도심에서 벗어나서 조용한 곳에서 살고 싶다고 해서는 안 됩니다. 수도권 인근지역에서 하려는 것인지, 고향으로 내려가려는 것인지, 수익성이 있는 지역으로 가려는지, 경관이 좋은 곳으로 가려는지 등, 이 또한 끝없는 질문과 답변으로 투자지역을 분명히 결정하여야 합니다.

투자 가능한 자금과 자금성격을 명확히 하라

자기가 동원 가능한 투자자금의 규모로서 실투자금과 대출 등 자기 자본과 타인 자본의 동원 능력과 그 비용부담에 대한 능력을 알아야 합니다. 그 투자자금의 투자기간에 적합한 단기, 중기, 장기 등 성격도 알아야 합니다. 무리한 투자는 실패할 뿐만 아니라 투자금은 물론 그동안 모은 자산까지 모두 날릴 수도 있습니다. 전체 자기 자금의 50% 이내에서 투자하는 것이 적당합니다.

추가로 건축비 등이나 지역사회와의 민원처리비, 사교비 등이 들어가기도 하고, 생활비 등이나 병원비 등 비상준비금도 반드시 보유해야 합니다. 이런 경우가 아니더라도 개발을 위한 비용이나 유지비 등이 필요하고, 예상치 못한 부대비용들이 들어가기도 하므로 예비비가 반드시 필요합니다. 물론 대부분을 대출을 이용한 투자로도 할 수도 있으나, 이는 경험자나 전문가가 아닌 일반 투자자는 매우 위험한 투자 방법입니다.

투자는 토지구입자금의 80% 정도를 자기 돈으로 해야 성공확률이 높습니다. 그래야 나중에 개발하는 비용이나 처분할 때까지 관리비 등을 감당할 수 있고, 상황에 따라 추가 대출로 물건을 만들어서 제값에 매도할 수 있는 여력을 가지기 때문입니다.

세(稅)테크를 고려하여 투자하라

투자에서는 세후 순이익이 높아야지, 세전 수익률은 아무런 의미가 없습니다. 일반적으로 농지 투자에서 1억 원을 5년간 투자하여 2억 원에 팔았다면, 재촌 자경이나 사업용인 경우에는 양도세를 공제하고, 회수금은 약 1억 8,000만 원이 됩니다. 물론 감면받으면 2억 원 모두가 내 것입니다. 그러나 부재지주나 비사업용일 경우에는 2억 원이 되었다 하여도 양도세를 공제한 후 투자수익금

액은 1억 7,000만 원밖에 안 됩니다.

그러므로 투자할 때에는 사업용이나 재촌 자경을 충족할 수 있어야 하므로 온 식구가 다 내려갈 것인가, 아니면 노부부가 갈 것인가, 아니면 은퇴 후에 부부가 내려갈 것인가 등등을 고려하여 자기 실정에 맞는 투자 방법을 찾아야 합니다. 잘못하면 투자수익률도 높이지 못하면서 투기자로 오해받을 수도 있기 때문입니다.

누가 농지에 투자하는가?

농지를 구입하는 방법은 위와 같은 여러 가지의 요건에 따라서, 지역이나 물건이 다 다릅니다. 농사를 지을 사람이라면 경지 정리된 값싼 들판의 농지가 제격이고, 개발을 하려는 사람은 도로에 접한 계획관리 지역의 반듯한 토지가 제격입니다. 전원주택을 가지려는 사람은 주변 경관이 뛰어난 지역이 좋을 것이고, 펜션이나 민박을 하려는 사람은 경관 외에 주변에 관광지나 휴양지 등이 있어 외지인이 몰려드는 곳이 제격일 것입니다.

농지 투자가 어려운 것은 다른 부동산에 비해서 대상 물건을 파악하는 게 단순하지 않아서입니다. 또 투자자나 투자목적 등이 무척 다양하고, 투자 물건이나 그 가격이 정해져 있지 않아서이기도 합니다.

토지 투자가 왜 좋을까?

부동산 가격이 가장 많이 올랐다는 참여정부 시절이나 IMF 이후의 부동산 가격을 보면 아파트 가격이 많이 올랐다고 난리법석입니다. 그럼 최고 많이 오른 것이 얼마나 올랐을까요? 아마 10배

이상 오른 아파트 찾기가 쉽지 않을 것입니다. 더구나 15배 넘게 오른 아파트는 얼마나 될까요? 수익형 부동산이라는 상가나 공장은 더욱이나 덜 올랐습니다.

그럼 토지는 어떨까요? 아마 10배 이상 오른 토지를 찾으라면 여러분 주변에서도 쉽게 찾을 수 있을 겁니다. 수도권의 토지, 즉 일반인들이 투자대상으로 하는 토지는 이 기간에 적게는 15배 이상 올랐고, 수십 배가 오른 것도 엄청나게 많습니다.

이번에 수용 보상되는 계양 신도시를 보면 2000년대 초반 5~8만 원 하던 농지가 이번에 120만 원의 보상금을 받았습니다.

그러하기에, 토지 투자는 몇몇 사람들의 전유물이 되어 있는 상황이며, 일반인들은 쉽게 투자하지 못하고 어렵다고만 인식하는 실정입니다. 그래서 부동산 투자로 돈을 벌려면 토지에 투자해야 한다는 것이고, 성공하는 투자 방법들을 알아야 하는데, 토지 투자 노하우가 별로 공개되지 않았습니다.

이제부터 농지에 투자하는 방법을 공개하여 일반인들도 쉽게 접근할 수 있게 함으로써 다 같이 부자 되자는 것이 이 글을 쓰는 목적입니다. 다만, 모든 투자에는 위험이 있습니다. 위험에도 본인이 극복할 수 없는 위험이 있고 본인이 해결할 수 있는 위험요소가 있습니다. 이런 모든 것을 고려하여 신중하게 투자해야 하겠지요. 옆집 친구가 땅으로 돈을 벌었다고, 나도 독도에다 땅을 사면 돈을 벌 수 있을까요? 그렇지 않다는 것입니다.

이렇게 부동산에 투자할 때에는 이용이냐, 수익이냐, 단기냐, 장기냐 등 다각도로 검토하여 투자를 결정해야 합니다. 투자에서 가장 중요한 것은 결국 돈 되는 투자를 해야 한다는 것입니다.

4
농지 투자 상담법

농지에 투자하고 싶다는 두 분의 고객과 상담한 내용을 소개합니다. 요즘 들어 심심치 않게 농지 투자에 대해 상담을 하게 됩니다. 지난해부터 올해 초까지만 해도 농지에 투자하라고 하면 고개를 좌우로 젓는 분들이 많았고, 상담하는 고객들은 없었다고 하는 편이 맞을 겁니다. 물론 가끔 매도하겠다는 상담은 받았지만, 투자에 대한 상담은 전무했습니다. 지금부터 두 분의 상담사례를 보고 투자자들이 어떻게 준비하고 부동산 투자 상담에 임해야 하는지 생각해 보기 바랍니다.

막무가내 투자 상담자

우선 한 분은 중개사무소가 아닌 자신의 사무실에서 만나자고 하여 그분의 사무실을 방문하였는데 대뜸 "농지 나온 것이 있으면 하나 사려고 하는데 좋은 것 있으면 이야기해 보시오."하는 것이었습니다. 그래서 현재 사는 곳과 투자하려는 금액과 투자하려는 기간과 투자하려는 이유를 알아야만 그 조건에 적합한 물건을 소개할 수 있다고 투자 상담을 시도했습니다. 하지만, 그분은 그런 건 알 필요 없고 그냥 농지 하나만 소개해 달라는 것이었습니다. 조금은 자존심이 상했지만, 현재 나와 있는 물건은 몇 개가 있고, 농지가격은 한 필지에 4억에서 35억까지 있으며, 평당 가격도 50만 원부터 1,000만 원까지 있고, 그 이상도 얼마든지 구해 줄 수 있는데 어느 것이 마음에 드느냐고 했습니다. 그러니까 대뜸 "뭐 그렇게 비싼 것이냐, 싼 것은 없느냐, 대출은 얼마나 가능하냐?" 하는 것입니다.

철저하게 준비된 투자 상담자

또 다른 한 분은 부천에 사는 분으로 농지 투자에 관심이 있어 상담했습니다. 그분은 부천에 있는 농지이거나, 아니면 토지거래 허가지역이 아닌 지역의 농지를 구입하고 싶다면서, 이왕이면 재촌 자경해야 세금이 없으니 부천에 있는 농지를 사고 싶다는 것이었습니다. 그는 또 자기는 현재 52세이며 자기 집을 가지고 있고, 아이들도 2년 후면 학교를 졸업한다고 했습니다. 그리고 가장 중요한 것은 2~3년 후면 직장에서 그만두어야 할 처지로, 지금 집이나 상가에 투자하기에는 부담스러워서 농지 투자를 생각하고 있으며, 당분간 소득도 있고 생활유지도 가능하다고 했습니다.

그러면서 자기가 알아보니 부천지역의 농지가격이 3.3제곱미터당 60~75만 원 정도이고, 부천시 도시기본계획에 산업단지로 개발계획이 있으며, 이를 부천시에서 적극적으로 추진하고 있어투자한다면 전망이 밝다는 것이었습니다. 다만, 문제는 현재 가진 돈이 3억 원 정도인데 대부분 논이 1,983㎡에 달해 구입하려면 1억 원~1억 5천만 원 정도가 부족하다고 했습니다. 그래서 작은 규모의 농지가 있는지, 작은 규모의 농지가 없다면 3억 원으로 투자할 방법은 없는지 등 정말 구체적인 투자계획을 가지고 상담을 받으러 왔습니다.

그리고 다른 지역 농지에 투자한다면 투자가치가 있다고 보는지, 또 투자하였을 경우에는 어떤 문제들이 있는지, 이 지역에 투자한 경우와 다른 곳에 투자한 경우에 어떻게 다른지를 문의하시는데, 정말 오랜만에 제대로 준비한 투자자를 만나서 얼마나 반가

왔는지, 그리고 두려웠는지 모릅니다.

여러분은 어떻게 보고 느끼셨나요?

여러분이 보기에 어느 분이 좋은 물건에 투자할 수 있다고 느끼십니까? 이제는 투자할 때도 무턱대고 해서는 안 되며, 철저히 준비하고 해야 합니다. 여러분은 막무가내 투자 상담자이십니까? 아니면 철저히 준비된 투자 상담자이십니까? 부동산 투자 상담을 하려거든 투자자도 많은 것을 준비하든가, 아니면 모든 것을 오픈하고 전문가에 의뢰하는 것이 좋은 방법이라고 권하고 싶습니다. 이 두 사람의 상담결과는 어떠했을까요?

제대로 된 투자 상담을 받으려면?

지금부터는 부동산 투자 상담을 하려면 어떻게 해야 하는지를 한번 같이 생각해 보겠습니다. 우리는 일상생활에서 채소나 과일을 하나 사더라도 내가 가지고 있는 돈과 요리하려는 용도에 맞는 것을 이 가게, 저 가게, 아니면 이것저것을 비교하면서 삽니다. 그런데 하물며 돈을 벌고자 부동산에 투자하면서 아무런 생각 없이 '남이 장에 가니 나도 시래기 타래 메고 장에 가는', 그런 투자를 한다면 그것을 제대로 된 투자라고 할 수 있을까요?

부동산 투자에서 귀 아프도록 이야기하는 것을 다시 한 번 말하려 합니다. 현재 자산상태, 어떤 부동산, 무엇 때문에, 투자기간, 예상투자수익 등을 투자자 스스로 정하고 투자 상담을 해야 제대로 된 컨설팅을 받을 수 있으며 좋은 물건에 투자도 할 수 있습니다.

이를 '6하 원칙'에 대입하여 정리하면 다음과 같습니다.

* 누가?

어떤 사람이 사용(활용)하기 위하여 할 것인가? 즉 자기가 직접 거주나 사업장으로 사용하려는 실수요자인지, 임대나 투자수익률을 기대하는 투자용인지가 분명해야 합니다.

* 언제?

언제 사고 언제 팔 것인가? 구입은 언제 할 것인가(무조건 쌀 때가 아니라 돈이 언제 어떻게 준비되는지, 사용은 언제인지 등)? 매도는 언제 할 것인가(값이 오를 때가 아니라, 5년 후, 10년 후 또는 수익률이 얼마일 때 등) 등 시기에 대한 목표가 있어야 합니다.

* 어디에?

어느 곳에다 할 것인가? 즉, 수도권이냐, 지방이냐> 서울이냐, 경기도냐> 강남이냐, 강북이냐> 강남구냐, 서초구냐> 서초동이냐, 압구정동이냐> 우성이냐, 현대냐> 50평대냐, 30평대(20억

대, 10억 대)냐 하는 것처럼 투자하고자 하는 곳과 규모를 구체적으로 선정해야 합니다.

＊무엇을?

어떠한 부동산을 선택할 것인가? 주거용 부동산이냐(아파트냐, 주상복합이냐, 빌라냐, 단독이냐, 오피스텔이냐 등), 상업용 부동산이냐(상가, 근린생활시설, 빌딩, 공장 등), 자산형 부동산이냐(농지, 임야, 빈 집터 등) 등 대상이 뚜렷해야 합니다.

＊어떻게?

어떤 방법으로 구입하고 매도할 것인가? 즉 매매로 할 것인가 아니면 경·공매로 할 것인가, 또는 상속이나 증여로 할 것인가, 직거래로 할 것인가, 중개 등 위임 처리할 것인가 등 방법을 정해야 합니다.

＊왜?

무엇 때문에 하는 것인가? 실제 사용을 위한 것인가, 임대소득을 올리려는 것인가, 가치상승을 노린 투자인가 등 투자의 이유가 명확해야 합니다.

어렵지 않은 부동산 투자 원칙

투자의 목적은 실제 거주나 사업장으로 사용하면서 거주나 사업에 편리성을 위한 순수한 실소유자로서 투자이거나, 주거를 하거나 임대나 사업장으로 사용하면서 가치 상승을 기대하는 투자가 있습니다. 그런데 사람들은 꿩도 먹고 알도 먹는 그런 투자를 생각하고 있습니다. 그러나 그런 물건은 꿩도 놓치고 알도 깨뜨려버리는 경우를 발생시킵니다. 결론은 모든 투자는 돈이 되는 물건에다 투자하면 되는 것입니다.

다시 농지 투자할 때 살펴야 할 이야기를 해보겠습니다. 농지를 구입하려면 자경을 요건으로 합니다. 토지거래 허가지역은 토지 소재지에서 거주해야만 합니다. 구입 후에는 물론 자경을 해야하고 자경하지 않으면 처분명령 등 제재를 받습니다. 매도할 때에는 재촌 자경을 한 경우에는 일반세율에 장기보유 특별공제를 받을 수 있고, 8년 이상 재촌 자경 한 경우는 1억 원, 종전농지포함 8년 이상 재촌 자경하고 대토할 때는 1억 원의 양도세 감면 혜택도 있습니다.

알고 가자!

지금 비사업용 토지의 양도세 중과가 2013년 말까지 유예되어 있습니다.

결국 '재촌 자경 가능한 농지에 투자하는 것이 좋은가, 아니면 부재지주라도 돈이 되는 곳에 하는 것이 좋은가'라는 문제가 남습니다. 저는 둘 중에서 투자 분석해서 돈이 더 되는 곳에 하기를 권합니다. 다만, 여기서는 구입과 매도에 따른 투자수익뿐만 아니라, 관리나 세제 등에 관련된 제반 사항도 검토한 후에 돈이 더 되는지를 따져봐야 합니다. 또한, 부동산을 소유하고 이용하고 관리하면서 얻어지는 심리적 안정감이나 불안감 등 금전과 관련하지 않은 다른 요소도 따져 보아야 할 것입니다.

언제나 나는 부동산 투자에는 정답이 없다는 것을 강조합니다.

5
농지 투자의 구체적 방법

농지를 가지고 있지 않은 투자자가 처음으로 농지에 투자하려고 합니다. 앞에서 얘기한 부천 사는 투자자가 그렇게도 간절히 원하던 땅을 사보려고 합니다. 이럴 경우 농지 투자를 어떻게 해야 하는지, 이제 그 방법들을 알아보고자 합니다.

모든 국민이 부동산 전문가이지만, 토지는 왠지?

우리 국민 대부분은 그동안 부동산을 사고팔고, 이사를 하면서 주거용 부동산에는 전문가 수준이라 할 만큼 높은 지식이 있습니다. 또한, 장사·사업 등을 하면서 상가나 공장 등 수익성 부동산에도 나름 상당한 수준입니다. 그러나 주변에서 접하기 어려운 농지나 새로 나오는 도시형 주택, 아파트형 공장, 타운하우스 등등에는 별로 아는 상식이 많지 않습니다.

그리고 부동산 관련 전문가과정이나 특강, 세미나 등의 참여와 인터넷에 의한 정보 수집 등으로 전 국민이 부동산 전문가 수준의 정보와 지식을 가지고 있다 해도 과언이 아닙니다. 그럼에도, 토지 투자에는 왠지 나와는 거리가 있다고 생각하는지 쉽게 접근하지 않는 것 또한 사실입니다.

전문가를 만나야 한다

우선 농지를 중개하거나 컨설팅하는 전문가를 만나는 것이 가장 좋은 방법입니다. 그러나 주변의 그 많은 중개업소 중 누가 전문가인지 알 수 없습니다. 또 하나는 자기가 투자하고 싶은 지역에 있는 중개업소를 찾는 방법이 있습니다.

여기서 투자에 도움을 주는 전문가와 그냥 땅을 소개해주고 돈을 벌려고 하는, 전문가를 위장한 '꾼'을 구분해야 합니다. 수많은 중개업자가 나에게 도움을 줄 전문가라고 생각하면 큰 오산입니다. 이들은 대부분 당신에게 땅을 사도록 하고 수수료를 챙기거나, 자기나 지인이 투자한 땅을 되팔아주고 그 차익을 실현하는 사람들이기 때문입니다.

전문가와 '꾼'을 구별하는 방법

간단히 구별하는 방법 한 가지는 중개업소를 방문해 "돈 될 만한 땅 소개해 주십시오." 하는 겁니다. 답변이 "네, 여기 아주 좋은 물건 있습니다. 여기에 투자하면 1, 2년 내에 두세 배는 오릅니다."라고 하면, 뒤도 보지 말고 나오십시오. 이 사람은 당신의 돈을 노리는 '꾼'입니다. 그렇게 좋은 물건이면 사채를 얻어서 투자해도 남는데, 자기가 하거나 잘 아는 사람에게 해주지, 생판 모르는 당신에게 소개해 주겠습니까?

호구 조사하듯이 꼬치꼬치 기분 나쁘게 캐묻는 사람이라면, 투자 컨설팅 전문가라고 보시면 됩니다. 물론, 사적인 질문이 아니라야 합니다. 어디에 어떤 목적으로, 얼마의 금액으로 등과 주소지, 돈의 성격, 투자목적, 나이나 가족사항, 이주 가능 여부 등을 묻는 중개인입니다. 농지에 투자할 때 가장 중요한 포인트인 최유효이용이나 투자수익률을 높이는 방법을 구상하면서 하는 질문들 말입니다. 가장 확실한 방법은 아시는 것처럼 말이나 행동에서 진실성이 묻어나는지 여부입니다. 아니면 오랫동안 사귀면서 친밀감도 높이고, 성품이나 전문성도 파악한 믿을 수 있는 전문가라야 합니다.

땅에 대한 전문가는 별로 없습니다. 부동산 중개업소 중 대부분이 주거용 전문이고, 일부만이 상업용 등 전문분야에서 활동하는 정도입니다. 땅 전문 부동산중개 컨설팅업소나 세무사 법무사 등 각 분야의 농지전문가가 우리 주변에 그렇게 많지 않다는 것은 직접 투자하러 다녀 보면 알게 될 것입니다.

허가지역에 살면서 재촌 자경할 농지 구입법

농지 투자에서 가장 중요한 말이 재촌 자경이라는 말입니다. 이는 농지법에서는 그리 중요하진 않으나, 매도할 때 양도세에서 매우 중요하게 다루어지는 것입니다. 앞에서 재촌 자경에 대해서는 자세히 설명했습니다.

그럼 부천에서 재촌 자경이 가능한 농지를 구입하려면 농지 소재지인 부천시 농지를 구입하거나, 농지 소재지와 연접한 시, 군, 구인 강서구, 구로구, 광명시, 시흥시, 남동구, 부평구, 계양구 농지이거나, 농지 소재지로부터 30킬로미터 이내인 고양시, 김포시, 인천서구 일부 지역 정도가 해당할 것입니다.

허가지역에서 최초로 하는 농지 구입법

처음으로 농지를 구입하려는 사람은 주소지 시·군·구 내의 농지가 아니면 구입할 수가 없습니다.

알고 가자!

토지거래 허가구역 내에서 최초로 농지를 구입하는 경우에는 농지 소재지 동일 시·군·구내에서 전 가족이 6개월 이상 거주해야만 농지를 구입할 수가 있기 때문입니다.

　　그럼 주소지와 연접한 시·군·구 30킬로미터 이내의 토지는 어떠한 경우에 구입할 수 있을까? 이는 농업인인 경우에만 구입이 가능한 것입니다. 그러므로 처음으로 농지를 구입하려고 하는 투자자는 구입이 안됩니다.

　　그러나 전혀 불가능한 것은 아닙니다. 농업인을 만들면 가능합니다. 농업인을 만드는 방법으로는 여러 가지가 있습니다. 그동안 잊고 지냈던 시골 고향에 있는 농지를 가지고 농지원부를 만드는 방법도 있고, 농지라곤 전혀 없다면 다른 사람의 농지를 임차하여 1년 이상 농사를 지으면서 농지원부를 임차인으로 만드는 방법도 가능할 것입니다.

이렇게 하여 농업인이 되면, 토지거래 허가지역 내의 농지라도 자기가 사는 소재지로부터 30킬로미터 이내의 농지를 구입할 수가 있습니다. 단지 1년여의 시간을 낭비(?)해야 합니다. 몇십 년도 기다리는데 이 정도도 못 한다면….

알고 가자!

단, 임차인으로 할 때 주의할 점은 1996년 이후에 구입한 농지를 임대
차하면 안 됩니다. 1996년 농지법 시행 이후 구입한 농지는 특별한 경
우가 아니면 자경을 해야 하므로 임대인에게 처분 명령 등 불리하게 작
용할 수 있기 때문입니다.

고향농지나 임대차 외의 다른 방법

수도권의 저렴한 농지를 구입하여 농업인을 만드는 것입니다.

알고 가자!

왜 수도권일까? 지방의 농지로는 농업인으로 인정받기 어렵기 때문입니다.

수도권 지역 중 토지거래 허가지역이 아닌 곳의 농지를 구입
하는 방법입니다. 또 하나는 토지거래 허가지역의 농지를 경·공
매 등으로 구입하는 방법입니다. 그리고 농사를 지으면서 농업인
으로 만든 후에, 부천시나 부천시 주변의 농지에 투자하는 방법
이 있습니다. 물론 농업인이 되면 수도권보다 다소 먼 곳의 농지
도 구입하는 데 있어서 좀 더 수월합니다. 지금까지 농지에 투자
하는 방법을 대략 알아보았습니다.

이제 농지를 구입하는 방법에 대해서 어느 정도 감을 잡았으리라 봅니다.

6
수도권 거주자의 농지 구입법

농지를 처음 구입하려고 한다면 어떠한 방법들이 있을까? 주소지에서 하느냐, 주소를 이전하여야 하느냐의 두 가지 방법이 있습니다. 주소를 이전하는 경우에도 지금 당장 하느냐, 나중에 하느냐로 또 나뉘게 됩니다.

재촌 자경이 가능한 농지 투자법

하나는 주소 이전을 하지 않고 현 거주지에서 구입하여 경작을 하는 투자방법이 있고, 또 한 가지는 농지 소재지로 주소이전을 하고 농지를 구입하는 방법이 있다고 우리는 알고 있습니다.

먼저 부천에서 거주하면서 재촌 자경 가능한 농지를 구입하는 방법입니다. 부천과 부천시 연접지역들은 토지거래 허가지역입니다. 앞에서 우리는 토지거래 허가구역 내의 농지를 구입하려면 농지 소재지에서 6개월 이상 전 가족이 거주하여야 농지를 구입할 수가 있다고 알고 있습니다.

그렇다면 부천지역에 있는 1,000㎡ 이상의 농지를 구입하는 일반적인 방법이 있습니다. 부천에 있는 농지의 구입은 농지취득을 할 수 없는 경우이거나 자금조달 등에서 문제가 없다면, 대부분은 토지거래허가를 받아서 구입할 수가 있습니다. 다만, 농지가격이 높아서 투자자금이 많이 소요된다는 것이 문제입니다. 부천의 농지는 3.3㎡당 100만 원부터 1,000여만 원까지 다양하지만, 값이 저렴한 것도 결코 적은 금액이 아닙니다. 수도권 인근의 대부분 지역은 적어도 3.3㎡당 40만 원 이상으로 비싼 것은 아니라고 하지만 큰돈이 들어가야만 합니다.

그럼 이런 부담을 줄여서 구입하는 방법은 없을까? 330㎡ 이상의 농지를 구입하여 비닐하우스 등 특수작물을 재배하는 방법으로 초기 투자자금을 줄이는 방법을 생각할 수 있습니다. 다만, 문제는 경지 정리된 농지는 2,000㎡ 미만으로 분할되지 않는다는 것이며, 대부분이 2,000여㎡ 단위로 경지정리가 되어 있기 때문에 작은 필지가 별로 없어서 구입하기가 수월하지 않다는 것입니다. 작은 필지가 비교적 많이 있는 자연녹지 등은 단위 가격이 비싸다는 문제가 있습니다.

다른 방법으로는 부천시나 부천시와 연접한 시·군·구나 부천시와 30킬로미터 이내의 농지 중에서 경매나 공매로 나온 농지를 취득하는 방법입니다. 이는 토지거래허가가 아닌 농지취득 자격증명으로 구입할 수가 있어서 연접한 시·군·구나 연접하지 않은 김포시, 고양시 등 30킬로미터 이내 농지도 구입이 가능합니다.

또 다른 방법으로는, 바로 다른 사람의 농지를 임차하여 임차 농업인으로 만들고 90일 이상 농사를 지은 후에 농지를 구입하는 방법입니다. 물론 이때에는 농지원부를 만들고 90일이 경과한 경우라야 합니다. 이렇게 하면 농업인으로서 농지 소재지는 물론이고, 주소지로부터 20킬로미터 이내의 농지를 구입 할 수가 있습니다.

재촌 자경을 못하는 농지에 투자하는 방법

재촌 자경 이외의 지역에 농지에 투자하는 방법으로는 주소를 이전하면서 바로 투자하는 방법이 있고, 지금 농지를 구입하고 나중에 정년퇴직이나 여건이 허락할 때 이주하여 농사를 지으면서 재촌 자경 조건을 충족하거나 전원생활을 하는 방법이 있습니다.

이때에는 토지거래허가를 받아서 하는 농지의 구입은 불가능하고, 허가지역 이외 지역이나 허가지역 내의 농지를 경·공매로 취득하여야만 합니다.

아주 일반적인 방법으로는 토지거래허가 외의 지역에 농지를 구입하는 것입니다. 1,000㎡ 이상의 농지를 농지취득 자격증명을 발급받아서 구입하면 됩니다. 이때 될 수 있는 대로 재촌 자경을 할 수 있는 거주지 인접지역이나 30킬로미터 이내 농지를 구입한다면 투자수익률을 극대화할 수 있습니다.

또 한 가지 방법은 나중에 내가 주소를 옮기고 재촌 자경을 할 수 있는 곳에다 투자하는 것입니다. 이외에도 나중에 여차하면 개발해서 사업용으로 매도할 수 있는 그런 농지를 구입하는 방법도 있습니다.

이런 방법도 돈이 많이 들거나 재촌 자경을 맞출 수 없는 형편이라면, 1,000㎡ 미만의 농지를 주말체험 영농농지로 구입하는 것입니다. 다만, 토지거래 허가지역에서는 주말체험 영농 목적으로의 구입은 불가합니다. 토지거래허가 이외 지역의 농지취득은 농지취득 자격증명을 발급받으면 가능하나 대부분은 농촌지역이라서 투자가치로는 다소 떨어진다는 것이 흠입니다.

그렇다면 토지거래 허가구역 내의 농지를 경매나 공매로 구입하는 것도 한 가지 방법입니다. 경매나 공매는 토지거래허가가 아닌 농지취득 자격증명을 발급받으면 됩니다. 이때에는 주말체험 영농 목적으로의 증명발급이 되는 곳도 있고, 안 되는 곳도 있으니 1,000㎡ 미만의 농지취득 시에는 사전에 문의하고 경·공매에 도전하기 바랍니다.

기타 방법으로서 공장이나 창고 등으로 사용하려고 구입하는 경우에는, 위와 같은 방법들로 농지를 구입하는 방법들이 있을 수 있고, 또 한 가지는 농지전용허가를 얻은 농지를 구입하는 방법이 있습니다. 이 경우에는 농지전용허가를 받는 것이 용이하고, 주소를 옮기지 않아도 되며, 비사업용 토지가 아닌 사업용 토지로서 양도세 중과세 대상이 아닙니다.

또는 증여를 받는 방법이 있습니다. 배우자에게는 6억 원까지 증여세가 없고, 또는 오래 보유한 농지나, 특히 비사업용 농지를 증여하면서 실거래가로 한다면, 그 구입비용을 높일 수 있어서(증여세율이 양도세율보다 대부분 낮음) 절세할 수가 있습니다.

또는 상속으로 취득하게 되는 경우인데, 이 경우에 배우자가 있을 경우에는 10억 원, 배우자가 없을 경우에는 5억 원까지 상속재산에 대하여 일괄공제를 받을 수 있으므로 상속세를 절세할 수 있습니다. 특히 농지를 영농 상속승계하면 상속세를 감면받을 수도 있으니 이점도 고려대상입니다.

농지 투자의 또 다른 방법은 토지거래허가 이외 지역의 아주 싼 농지를 취득하여 농업인을 만든 다음에 부천시나 30킬로미터 이내의 허가지역 내 투자가치가 아주 높은 농지를 구입하는 방법입니다. 이렇게 농업인을 만드는 이점으로는 1,000㎡ 이상, 이하 문제를 떠나서 농업인이 아니면 투자할 수가 없는 단 1㎡의 작은 농지도 구입할 수 있다는 점입니다. 이로써 도시지역의 자연녹지 등 자투리땅에 비교적 손쉽게 투자할 수 있게 됩니다.

농지 투자에서 농지 구입이 어려운 것은 아닙니다. 투자가치가 있는 지역에 돈이 될 만한 농지에 제대로 투자하는 것이 더 중요합니다. 그러자면 절세도 무엇보다 중요합니다.

7

농지취득 자격증명과 토지거래허가 알아보기

농지취득 자격증명에 의한 농지취득 방법

농지의 취득은 기본적으로 농지법에서 정한 규정에 의하여 '모든 농지는 농지취득 자격증명을 발급받아서 등기이전을 하여야 한다'고 되어 있습니다. 다만, 예외적으로 상속인 경우 농지취득자격 증명을 받지 않아도 됩니다.

또한, 토지거래 허가구역에서는 토지거래허가를 받으면 농지취득 자격증명을 받지 않아도 됩니다. 이는 농지취득 자격증명과 토지거래허가를 이중으로 받게 되는 불합리함을 덜고자 규제 완화 차원에서 토지거래허가신청 시에 농지부서와 협의 심의하여 처리하도록 조치하였기 때문입니다.

농지취득 할 때 신청, 증명, 허가 절차

농지를 구입하기로 하였다면 일단은 매매계약서를 작성하고 농지부서에 농지취득 자격증명을 발급 신청하면 됩니다.

> **알고 가자!**
>
> 농지취득 자격증명 신청서와 농업경영계획서를 찾아서 직접 작성해 보기 바랍니다.

농지 소재지 시·구·읍·면장은 농지취득 자격증명을 접수한 후에 그 농지가 실제로 경작에 적정한지 신청자가 적합한지를 심의하여 농지취득 자격증명을 발급하게 됩니다.

> **알고 가자!**
>
> 농지취득 자격증명 발급 참고사항을 찾아보기 바랍니다.

농지취득 자격증명을 발급받았다면 이제는 잔금을 치르고 농지취득 자격증명과 부동산거래사실 필증 등을 첨부하여 등기 신청을 하면 됩니다.

여기서 농지취득과 관련 한 증명, 허가에 대하여 다시 한번 정리하겠습니다. 개인이 농지를 취득하는 경우에는 그 방법에 따라서 증명이나 허가를 받아야 하며 그 내용은 다음과 같습니다.

- 매매인 경우에는 농지취득 자격증명이나 토지거래허가 중에서 반드시 한 가지를 받아서 첨부해야만 등기이전을 받을 수 있다. 증여나 경·공매로 취득하는 경우는 농지취득 자격증명을 받아서 등기 이전한다.
- 상속인 경우에는 농지취득 자격증명이나 토지거래허가를 받지 않고 등기 이전을 한다. 기타 시효취득이나 담보취득 등이 있으나 흔한 사례는 아니다.

농지 구분 방법

모든 농지는 농업진흥지역과 농업진흥지역 밖의 농지로 구분되어 있습니다. 기반시설 등이 우량한 농지는 농업진흥지역으로 지정 관리되고 있습니다. 그렇지 않은 농지는 농업진흥지역으로 지정되지 않고, 이를 농업진흥지역 밖의 농지라고 말합니다. 농업진흥지역은 쉽게 과거의 절대농지라고 보면 됩니다. 농업진흥지역 밖의 농지는 과거의 상대농지라고 보면 됩니다. 절대농지와 상대농지는 농지법 시행 전인 90년 초 없어진 용어인데, 지금도 많은 사람이 그렇게 부르고 있고, 그렇게 표현해야 쉽게 이해합니다.

농지취득 자격증명 작성

농지취득 자격증명 신청서를 직접 작성해 봅시다. 신청서만 말고 이 기회에 농지취득자격 발급업무 처리지침도 한번 찾아보세요. 직접 작성하면서 생각하는 내용이나 어려운 내용 등을 경험해 보라고 권하고 싶습니다. 글로만 읽지 말고 부동산 투자를 하고자 한다면 앞으로 투자해야 할 물건이 농지이고, 농지에 투자하려면 반드시 작성하고 신청해 보아야 할 일입니다. 물론 법무사나 중개 업소에 의뢰하여 처리할 수도 있습니다. 그러나 내가 알면서 위임하여 처리하는 것하고 전혀 모르면서 시키는 것 하고는 그 칼자루를 쥔 사람이 다릅니다. 여러분은 내 일을 하면서 칼날을 잡겠습니까? 칼자루를 잡겠습니까?

내가 이 글을 쓰면서도 세세한 부분은 접고 갑니다. 이유는 직접 생각해 보고 작성해보고 직접 찾아보라는 것입니다. 안내자는 가는 길만 제시하면 되지, 가는 길을 안내해서 모셔다 드리기까지 한다면 여러분은 그 안내자 없이는 다시 그 길을 갈 수 없기 때문입니다. 같이 갈 때는 알 수 있을 것 같지만, 막상 혼자 가려면 알 수가 없어 헤매게 되거나 다른 곳으로 가게 됩니다.

이것저것 다 싫고 직접 투자로 돈 벌고 싶다면 이곳저곳 카페나 홈페이지, 책 보기 등 기웃거릴 것도 없습니다. 바로 유명한 부동산전문가를 찾아서 돈 주고 컨설팅받아서 투자하면 됩니다. 아니면 주변에 믿을 수 있는 전문가를 활용하시든지….

다시 한 번 정리하자면 농지를 구입하려면 모든 농지는 농지취득 자격증명을 발급받아야 합니다. 단, 토지거래허가를 받는 농지는 농지취득 자격증명을 받지 않아도 됩니다. 또 하나 상속, 시효취득, 담보취득은 농지취득 자격증명이나 토지거래허가 등 증명이나 허가 없이도 등기를 받을 수 있습니다.

정리 좀 되셨습니까?

토지거래 허가구역의 농지 구입

이번에는 토지거래 허가구역 내에서 농지에 투자하는 방법을 살펴보고자 합니다. 지금부터 글 전개 방식을 가상의 농지 투자자 A가 직접 일을 처리하며 겪는 느낌을 적는 형태로 하겠습니다.

이제 농지를 구입하기로 하고 현장 확인과 공부 확인을 모두 마쳤습니다. 중개업소에서 공인중개사의 주도로 농지구입 계약서를 작성하게 되었습니다. 처음 하는 농지 구입이라 설레기도 하고 뭐가 뭔지 잘 모르겠습니다. 그동안 많이 배우고 익혔다고 생각했는데, 계약서 문구도 잘 보이지 않고 이해도 안 되는 것은 웬일일까요?

알고 가자!

농지구입은 계약에서 잔금까지 마무리가 대부분 한 달에서 한 달 반 정도 소요됩니다. 물론 단 며칠 만에 등기 이전까지 하기도 하고, 몇 개월에서 심지어 1년 이상 되는 경우도 있기는 합니다.

'계약서는 등기부등본, 토지대장, 토지이용계획 확인서, 그리고 권리증을 가지고 꼼꼼하게 작성했습니다. 물론 직접 현장에서 농지이용실태와 주변여건 등에 대해서도 확인했습니다.'

계약서 작성 양식 한 번쯤 찾아보고 익혀두라

확인 설명서가 있는 것도 이번에 알았습니다. 계약서만 작성하는 줄 알았더니 물건에 대한 접근성 등을 기재하는 확인 설명서와 그에 따른 부수적인 공부서류와 공제보증서 사본까지 줍니다. 토지거래 허가구역에서는 원칙적으로 토지거래 허가를 받은 후에 매매계약서를 작성하여야 한다는 것도 처음 알았습니다. 그런데 매매계약서가 아니라 약정서라고 하였고 내용에도 이러한 문구가 들어가 있네요. "본 물건은 토지거래 허가구역 내의 토지로서 토지거래허가를 받기 전까지는 유동적 무효인 계약으로서 토지거래허가를 받음으로써 유효해지며, 토지거래허가를 받지 못하는 경우에는 무효인 계약으로 하며, 이때 매도인은 약정금을 5일 이내에 매수자에게 반환한다. 또한, 토지거래허가를 받으면 그 이후 일자로 매매계약서를 다시 작성한다." 이런 특약사항을 넣는다는 것도 이번에 알았습니다.

중개사의 설명은 법으로는 토지거래허가를 받은 후에 매매계약서를 작성하여야 하며, 토지거래허가를 받기 전에 매매계약은 무효라고 합니다.

알고 가자!

이러한 경우 실제에서는 매매계약서도 없고 계약금도 없는데 매도자나 매수자나 불안하여 토지거래허가를 받을 수가 없다는 것입니다.
그리고 사전에 작성한 매매계약서에 대하여 대법원에서 판결이 위와 같이 유동적 무효인 계약으로 나왔습니다.

그래서 편법일지는 모르나 이렇게 서로 약정하는 계약이라고 보라고 합니다. 매매계약서를 작성하고 이제는 토지거래허가를 받아야 한다고 했습니다. 토지거래허가 신청 방법으로는 매도자와 매수자가 직접 서류를 가지고 구청에 신고하는 방법과 중개업자나 법무사에 인감증명을 첨부한 위임장을 주는 방법이 있다고 하며, 실제는 위임 신고를 많이 한다고 알려줍니다. 그래서 매도자 매수자가 서류에 날인하고 인감증명, 주민등록등본, 농지원부와 구입자는 자금조달계획서를, 매도자는 매도사유서를 작성하여 법무사에게 위임 처리하였습니다.

토지거래허가신청서 및 그 부속서류 양식을 작성하라

허가 신청하고 10일이 지나서야 토지거래허가가 나왔다고 합니다. 약정서대로 매매계약서를 다시 작성하고 5일 후에 잔금을 치르기로 하였습니다. 부동산 실거래신고는 중개업소에서 신고를 해주었습니다. 이 실거래신고도 매도자나 매수자가 직접 신고를 할 수도 있다고 합니다.

잔금 일에 잔금을 치르고 모든 명도 절차가 끝났습니다. 취득세는 3%, 교육세와 농어촌특별세는 0.4%가 나왔습니다. 공채가 일정비율 들어가고 법무사 수수료와 등기이전비용 포함해서 대략 매수 금액의 4.2% 정도가 들어갔습니다. 중개수수료는 0.9%인데, 주택하고는 다른 수수료 요율이 적용된다고 합니다. 거기에다 부가가치세 10%까지 물어 주었습니다. 물론 연말 소득공제는 된다고 하지만 너무 많이 들어가는 것 같습니다.

알고 가자!

농업인은 취득세 50% 감면이고, 채권은 100% 면제됩니다.

토지거래허가를 받으니까 안내장이 첨부되어 나왔습니다. "농사는 직접 지어야 하고 토지거래허가 목적대로 이용하여야 하며, 그렇지 않은 경우에는 거래액의 30%에 해당하는 과태료를 물릴 수 있고, 1년 이하의 징역이나 1,000만 원 이하의 벌금 처벌을 받을 수 있다."라고 쓰여 있습니다. 그리고 "2년간은 의무사용기간이라서 처분할 수도 없다."라고도 되어 있습니다.

이제는 나도 농지를 가진 주인이 되었습니다. 명실 공히 농지 투자자가 되었다는 것이지요.

[농지취득 자격증명과 토지거래허가와의 비교]

구 분	농지취득 자격증명	토지거래허가
지 역	모든 농지 ※예외 – 상속 농지 제외 – 토지거래허가 받은 농지는 제외	토지거래 허가구역 내의 농지 – 도시계획구역 내 100㎡ 이상 – 도시계획구역 밖에서는 500㎡ 이상의 농지
허가관청	구·시·읍·면	시·군·구
신청 서식	1. 농지취득 자격증명 신청서 2. 농업경영계획서 　등기부등본 또는 토지대장 *관할 외 거주자는 농지원부	1. 토지거래허가신청서 2. 농업경영계획서 　등기부등본 *농가는 농지원부

자격	거주지	거주지 제한 없음	동일 시·군·구내에 전 가족이 6개월 이상 주민등록전입과 거주해야 함 * 농업인은 30㎞ 이내 거주자
	면적	최하 1,000㎡ 이상 단 시설재배는 330㎡ * 기존 농가가 농지를 추가로 구입 시는 면적 제한 없음	좌 동
불허가 사 유		1. 구입 농지 면적의 합계가 1,000㎡ 미만인 경우 2. 재학 중인 학생 3. 거동불능 노약자나 장기 입원·치료 중인 자 4. 신청인이 소유농지를 전부 임대, 사용 대, 위탁하는 자	1. 동일 시·군·구 내에 주민등록이 전입되지 않았거나 6개월 이상 거주하지 않은 경우 2. 나머지는 농지취득 자격증명 사유와 동일 함
신청절차		– 신청서 작성 – 시·구·읍·면(농정 분야) 제출 – 심사확인 및 발급 – 농지취득 자격증명 첨부 – 등기신청	– 신청서 작성 – 시·군·구(토지관리 분야) 제출 – 심사확인 및 발급(농정 분야 협조) – 토지거래허가증 첨부 – 등기신청

8
농지 구입 후 해야 할 일

농업경영계획서를 이행하라

농지 투자에서는 농지를 구입하고 나서 반드시 실천하여야 할 사항이 몇 가지가 있습니다. 바로 헌법에 명시된 경자유전의 원칙입니다. 반드시 자경을 하여야 한다는 것입니다. 농지를 구입하면서 제출한 농지취득 자격증명이나 토지거래허가 신청서에는 반드시 농업경영계획서라는 것이 첨부되어 있습니다. 농지를 구입한 후에는 이 농업경영계획서에 작성한 대로 농업을 경영해야만 합니다. 농업경영계획서대로 이행하지 않을 경우에는 허위 부정 발급이나 이행을 하지 않는 것에 대한 과태료나 처분명령이라는 가혹한 조치까지도 받을 수가 있습니다. 그러므로 우선은 자경하여야 한다는 것입니다. 처분명령에 대하여는 다른 곳에서 다시 자세히 알아보기로 하겠습니다.

행정기관에 등록 신청하라

다시 가상 투자자 A입니다.

농지를 구입하면 누구든지 농지원부신청을 해야 한다면서 등기부등본을 가지고 주소지 시·군·구청에 가서 농지원부 신청을 하라는 겁니다. 그래서 농지원부 등재 신청을 하러 갔더니 이번에는 '쌀 소득 등 보전 직접지불금 등록(변경)신청서'를 작성하여 제출하라고 했습니다. 매도자가 신청했으니 변경 신청만 하면 된다고 하여 그렇게 했습니다. 만약 매도자가 신청하지 않았다면 이듬해 2월에 신고해야 한다고 했습니다.

알고 가자!

농지원부와 동시에 할 것이 농업 경영체 등록입니다. 국립농산물품질관리원에다가 농가등록을 해야 합니다. 서면이나 전화 인터넷으로 신청할 수 있으며 현장 확인 후에 농업 경영체 등록을 해 줍니다.

또한, 나중에 이곳에서는 농가확인원도 발급받을 수 있습니다. 이 역시 다 작성된 후에는 농가등록원부를 한 부 출력해서 보관하기 바랍니다. 농지원부나 농업 경영체 등록은 행정기관에서 자경하였다는 것을 입증하는 서류로 보면 됩니다.

농협 조합원 가입

이제 행정기관에서 할 일은 얼추 끝난 것 같습니다. 그런데 중개사가 농지원부 다 만들었느냐고 전화했습니다. 다 되었다고 일러주니 그러면 조합원 신청을 하라는 것입니다. 이건 또 무슨 소리인지, 직접 중개사사무소에 찾아가서 상담했더니 농협조합원으로 가입하면 여러 가지 혜택이 있다고 가입하라는 겁니다. 서류도 간단해서 조합원 신청서에 농지원부 첨부하여 영농회장 확인을 받아서 사는 곳의 농협에 제출했습니다. 그러고서 한 달쯤 뒤에 이사회에서 결정하여 승인이 떨어졌고, 출자금을 납입했습니다. 이제 정식 조합원이 되었습니다.

조합원이 되고 보니 다음과 같은 좋은 점이 있습니다. 출자금에 대하여는 법정이율 정도의 배당을 받을 수 있습니다. 농약, 비료, 상토 등 각종 농자재의 보조 등 지원을 받을 수 있습니다. 농협의 사업성과에 따른 사업 준비금이 적립되며, 조합원 자녀는 장학금도 지원받을 수 있고, 농협대학에 입학하거나 농협에 취직하는데 추천을 받아서 유리하기도 합니다. 정책보조금이나 융자금을 저리로 지원받을 수도 있습니다. 각종 환원사업의 혜택을 받을 수도 있습니다. 대출을 받을 때 조합원에 대한 할인과 이자 분기납 등 혜택이 있습니다. 기타 등등 여러 가지 혜택이 있으나 이는 조합의 운용상태 등에 따라 조금씩 다르다고 합니다.

농사활동 증빙서류 보관 및 주변 사람 친교활동

이제는 모든 게 다 되었구나 생각했습니다. 그런데 공인중개사가 전화해서 농사와 관련한 모든 영수증을 잘 챙기라고 알려줍니다. 비료나 농약을 구입하는 영수증은 물론이고, 농기계 임차료나 품삯과 농사지으면서 시켜먹는 음식값 영수증까지도 말입니다. 그리고 직접 농사를 지어야 한다고 했습니다. 틈틈이 휴일이나 평일에 직접 농사를 지으려고 했던 것이니까 이는 별문제가 없겠지만 말입니다. 이제는 영농회장은 물론이고 주변에 농사짓는 분들과 친해져야 별 탈 없이 일을 할 수 있을 것 같아 소주도 사다 놓고 자주 어울리게 되었습니다.

그러나 막상 농사일을 해보니 장난이 아니었습니다. 태진아의 '사랑은 장난이 아니야'의 사랑 외에 농사도 장난이 아니었습니다. 그 많은 농사일을 하시던 부모님에 대한 생각이 절로 났습니다. 쉽게 얘기하길 다니던 직장 그만두면 시골 가서 농사나 진다고 하는데, 기운 없으면 그것도 절대 쉽지 않다는 걸 알았습니다.

농지원부 신청하는 방법

농지원부란 농지의 효율적 관리를 위하여 행정기관에서 작성 관리하는 것으로 농지부서에서는 농업인 또는 농지를 관리하는 데 사용하며 반드시 작성 비치해야 하는 것은 아닙니다. 따라서 실제로는 이를 필요로 하는 농업인의 직접 신청에 의해서 작성 관리되고 있습니다. 즉, 농지원부는 일반적으로 사용하는 조합원 가입 신청, 소득세감면, 취득세 감면 등의 확인에 사용하기 위한 것이 아니므로 필요성을 느끼는 농업인의 신청에 의하여 작성되는 것입니다.

농지원부를 신청하는 두 가지 방법

농업인의 주소지인 시·구·읍·면의 농지관리부서에 등기부등본, 토지대장등본, 주민등록등본을 가지고 신청하는 방법입니다. 주소지와 농지 소재지가 다른 경우에는 농지 소재지에서 자경증명을 발급받아서 위와 같이 농지원부를 신청하면 바로 처리됩니다.

알고 가자!

주민등록등본, 토지대장등본은 구비서류는 아닙니다.
그리고 행정기관에서 확인이 가능하지만, 앞에서 말했듯이 농업인의 필요에 의하여 작성 신청하는 것이니만큼 지참한 구비서류들은 담당자에 따라 복사하고 주는 곳도 있고, 그대로 사용하는 곳도 있고, 확인만 하고 돌려주는 곳도 있습니다.
이처럼 다르기에 구비해 가면 안 해간 것보다는 낫다는 것입니다.

알고 가자!

자경증명을 발급받아서 신청하는 경우는 주소지와 농지 소재지가 다를 경우에 하는 것으로서 농지 소재지 시 · 구 · 읍 · 면 담당자에게 자경증명을 발급받게 되면, 직접 현장을 보여 줄 수도 있고 설명을 할 수도 있는 이점이 있습니다.
그런데 주소지에 농지원부를 신청하면, 행정기관에 의한 확인으로 자경 여부 조사에서 잘못 조사될 수 있고, 설명할 기회도 없잖아요.

농지원부의 등재 작성 절차

주소지의 시·구·읍·면에 등기부등본, 토지대장등본, 주민등록등본을 가지고 갑니다. 신청인이 방문하여 신청서를 작성하는 곳도 있고, 안 하는 곳도 있습니다. 신청서를 접수한 시·구·읍·면에서는 농지 소재지에 자경 여부를 확인합니다.

– 농지가 관내에 있을 경우에는 직접 또는 이장이나 영농회장 등을 통하여 경작자를 확인하고, 농지가 관외에 있을 경우에는 해당 농지 소재지장에게 농지 경작자 확인 의뢰하여 확인합니다.

– 농지 소재지 시·구·읍·면장은 경작자 확인하여 확인의뢰한 주소지에 통보하고 자경으로 확인된 경우에는 농지원부 작성 등재 관리하며, 임대차 등 자경하지 않는 경우에는 농지원부 등재하지 않습니다.

이제 주소지와 농지 소재지가 다를 경우 자경증명이 유리하다는 것이 이해가 되었나요? 이해가 안 됐으면 전체를 다시 한 번 읽어 보세요. 답이 있습니다.

농지원부 등본 발급 절차

주소지 시·구·읍·면(동) 농지관리부서에 신청하면 등본을 발급받을 수 있습니다. 다만, 농지가 주소지 외 지역에 있을 경우에는 농지 소재지에 경작 여부 확인 후에 발급하므로 처리기한은 15일이며 대략 10일 정도 걸립니다.

알고 가자!

대한민국 전자정부에서도 발급받을 수 있습니다.
다만, 인증서가 있어야 하며, 본인 것만 가능합니다. 프린터로 바로 출력 가능하고, 우편이나 가까운 행정기관에서도 수령 할 수 있습니다.

농지원부의 활용 방법

행정기관에서 농업경영 확인용으로 활용할 수 있습니다. 농가 주택, 농업용 창고나 축사 등 건축할 때, 농지전용신고 등 형질변경 시에, 취득세, 양도세 감면 등 신청할 때, 보조금, 융자금, 학자금 지급 등 확인 시, 기타 등등입니다. 기타 관계기관 등에서 농업인으로 확인 시에 활용하고 있어요. 즉, 농협 등에서 조합원 가입 확인할 때 등입니다.

농지원부 관리 유의사항

- 농지원부에 등재되면 일단은 별 이상이 없는 한 자경으로 인정받습니다.
- 또 쌀 소득 직접지불금 신청하면 자경으로 인정받게 되고, 농지원부에서도 당연히 자경으로 정리가 됩니다.
- 또 지방에 있는 땅은 가급적 자경할 수 있는 유실수나 약초 등의 재배가 유리합니다.

- 농지는 구입 후부터 반드시 자경으로 관리하도록 합니다(설사 임대차를 하고 있더라도 술 좀 사세요).
- 그리고 추가로 더 1996. 1. 1. 이후 구입한 농지는 자경을 안 하면 처분 대상으로 통보되고, 1회에 한하여 직접 자경할 경우 처분대상을 유예할 수 있습니다. 그러나 이리 되면 어찌 될까요? '요주의 대상'이 된다는 사실. 이해되나요?

알고 가자!

아직도 농지원부가 없으시다면 지금 바로 신청하세요.

단, 농지원부 신청은 농번기에만 받아주고 있습니다. 또 기관에 따라서 1개월 2개월 3개월 후에 받아주는 곳도 있습니다. 지역마다, 기관마다 조금씩 다르니까 왜냐고 따지지 마세요. 그냥 그렇게 하니까.

단, 신청할 때에는 반드시 자경한다는 것 명심하세요.

관리인이나 이장, 이웃 주민들에게도 확실하게 자경이라는 것을 주지시켜 주세요. 아니면 담당공무원에게 확인을 시키든지, 그건 알아서 하기 바랍니다.

요즈음 농업경영체란 놈이 생겨났습니다. 농지원부가 만들어졌다면 국립농산물품질관리원(http://www.naqs.go.kr)에 농업경영체 등록도 하세요.

9

농사짓는 방법과 농지처분명령 알기

농사와 관련한 간단한 상식

농지를 구입하고 나서 가장 어려운 부분이 농사를 짓는 것입니다. 물론, 법상으로는 자경하기 위하여 구입한다고는 하지만 ,요즈음은 농지도 투자 위주로 하시는 분이 많아서 대부분은 임차를 주는 것이 사실입니다. 자경을 하든, 임대차를 하든 간에 농지에 대한 현황이나 농사짓는 방법을 잘 모르더라도 농사에 대한 기본 지식은 필요하므로, 여기서는 그에 대한 아주 간략한 상식을 말하고자 합니다.

농사짓는 방법을 알아두자

농사를 짓는다고 하였지만 어떻게 짓는지 대부분 투자자가 잘 모르고 있습니다. 그래서 자경을 했다고 하지만 몇 마디만 물어보면 대부분 답변을 못합니다. 투자자 중 많은 사람은 실제 농지만 구입하고 임차를 하는 분들이 있는데, 농지를 임대하고 받는 것을 임차료라 하고, 임차료로 도조라는 것을 받는데, 이는 마지기당 1가마에서 2가마까지를 받고 있습니다. 또는 고지라 하여 1마지기당 30만 원 정도의 돈을 지불하면 위탁받은 사람이 농사를 모두 지어주고 수확물은 소유주가 가져가는 제도가 있습니다. 여기서 말하는 임차료나 지불 방법 등은 지역마다, 농지의 상태마다 다 달라서 위에서 말한 것이 어느 지역에서나 통용되는 것은 아닙니다.

벼농사 이외에도 많은 농사 방법들이 있는데 이에 대하여는 농촌진흥청 (www.rda.go.kr)의 농사짓는 기술이란 코너에서 품목별, 주간별로 상세하게 정보를 제공하고 있으니, 이를 잘 보고 농사도 짓고 그 방법도 숙지해 두시기 바랍니다. 다만, 농지가 멀어서 자주 가지 못하는 경우에는 유실수로는 매실나무가, 약초로는 오가피나 뽕나무가 관리가 비교적 쉬운 편이니 참고하기 바랍니다.

농지 단위 '마지기'란

그럼 마지기란 무엇인가 백과사전에서는 논, 밭의 넓이를 나타내는 단위라고 정의하고는 한 말의 씨를 뿌릴 수 있는 면적으로, 평지와 산지 또는 토지의 비옥도 등에 따라서 그 면적이 다르다고 합니다. 보통 논의 경우에는 660m2, 밭은 1,000m2을 한 마지기 또는 두락이라고 합니다. 실제에서는 산간지방은 330m2, 중산간 지역은 500m2, 평야 지역은 660~1,000m2 정도로 구분됩니다. 또한, 일부에서는 한 마지기의 단위를 소 한 마리와 한 사람이 하루에 작업할 수 있는 면적으로 말하기도 합니다.

이 외에도 필지라는 말이 있는데, 이는 하나의 지번이 붙는 토지의 등록단위, 즉 같은 번지의 토지를 말합니다. 다랭이란 층층으로 된 일단의 논을 말하고, 배미란 논두렁으로 둘러싸인 논의 하나하나의 구역이고, 구역이란 배미와 비슷한 개념으로 보면 됩니다.

농사짓는 방법과 증빙자료 갖추는 방법

지금은 대부분의 농사일이 기계화되어 있어서 실제로 논농사에서는 낮에 들에 나가서 일하는 날은 별로 없습니다. 요즈음은 농기계를 전부 가지고 있는 농가는 별로 없고, 영농회사법인이나 영농회에서 농기계로 하는 농작업을 대행해 주고 있습니다. 그러나 양도신고 시에는 농사일수를 따지는 편이니 농사일을 하는 작업별 과정 등도 잘 알아두어야 합니다.

또한, 세무서에 양도소득세 신고 시에는 농사짓는 데 들어간 농기계, 종자, 농자재 구입 등에 대한 증빙자료로서 세금계산서, 현금영수증, 카드전표, 계좌이체 등은 대체로 인정하지만, 간이세금계산서나 개인 간의 금전거래는 잘 인정하지 않으므로 증빙자료 갖추는 데 주의해야 합니다. 그렇다고 하여 일반 농약상 등에서 물건을 사오면서 받은 간이세금계산서를 보관하지 말라는 것은 아닙니다. 그것도 나중에 없는 것보다는 낫습니다. 나중에 정히 자료 요구 시에는 입증하는 자료로 사용할 수도 있습니다.

농사를 짓자면 얼마나 일해야 하나?

간단하게 논농사의 경우 그곳이 수리안전답이라면 실제로 논에 나가서 일하는 날을 한번 볼까요? 논갈이와 못자리해서 이앙을 해주는데 통합하여 일괄 작업을 해줍니다. 그러면 모심는 날 논에 나가서 모심는 것 뒤치다꺼리 조금 하면 됩니다. 3,300㎡에 모 심는데 3시간도 안 걸립니다. 그리고 앞으로 기계 작업은 수확할 때만 필요합니다. 벼 베어서 운반해서 건조하여 주는데 얼마라 할 수도 있고, 벼 베어서 운반하여 물 수매라는 것을 하거나 건조를 별

도로 할 수도 있습니다. 3,300㎡ 벼 베기 하는데 3시간도 안 걸립니다. 벼농사 짓는데 최소한의 인력 투자시간은 10시간도 안 됩니다. 이렇게 농사짓는 일을 날짜로 따져봐야 모심는 날 하루, 벼 베는 날 하루, 수매나 도정하는 날 하루로서 낮에 나가서 일하는 날은 총 3~4일이면 됩니다.

물론, 논농사를 제대로 지으려면 손이 무척 갑니다. 쌀 미(米) 자가 손이 88번 간다고 해서 쌀 미자가 이렇게 '米 = 팔십팔'로 생겼다고 합니다. 비료도 살포해야 하고, 수시로 나와서 농약도 살포해야 하고, 논두렁의 풀도 베어주어야 하고, 논물도 지속적으로 관리해 주어야 합니다. 그러나 이런 것은 아침이나 저녁에 잠깐 둘러보는 정도면 가능합니다. 농작물은 그 "주인의 발걸음 소리를 듣고 자란다."라는 옛말이 있습니다. 그만큼 손이 많이 가야지만 좋은 곡식을 많이 생산할 수 있다는 것입니다.

처음으로 농지를 구입하여 답답함과 두려움을 가질까 우려하여 논농사에 대하여 간략히 기술해 보았습니다. 물론, 지역에 따라 농사짓는 방법이나 시기나 작업 비용이 조금씩 다릅니다. 농촌진흥청 홈페이지에서 작물별 농사요령을 찾아서 숙지하고 농사를 잘 짓기를 바랍니다.

농지처분명령에 대한 이해와 대처 방법

농지 투자에서 가장 겁나고 무서운 것이 두 가지가 있는데, 그 중의 하나가 비사업용 토지로 판정받아서 양도세 중과 대상이 되는 것입니다. 또 하나가 바로 지금부터 이야기하고자 하는, 그리고 요즈음 한창 관심 가는 농지처분명령입니다. 이제부터 농지처분명령에 대하여 자세히 알아보고 대응하는 방법을 숙지하도록 하겠습니다.

사실은 제가 별로 달가워하지 않는 관리 방법이지만, 그래도 많은 투자자가 이 관리 방법들을 잘 모르고 제대로 관리하지 못해서 발생하는 처분명령을 당하지 않도록 하기 위해서 이야기를 펼쳐 보렵니다.

농지처분명령제도에 대한 이해

농지처분명령에 대하여는 농지법에서 규정하고 있는 제도로서 농지법에 관련 규정들이 나열되어 있습니다.

농지법 제10조(농업경영에 이용하지 아니하는 농지 등의 처분)

농지법 제11조(처분명령과 매수 청구)

농지법 제54조(농지의 소유 등에 관한 조사)

농지법 제62조(이행강제금)

위 법조문에 의거 농지취득자격증이나 토지거래허가신청 시에 함께 제출한 농업경영계획서대로 이행하고 있는지를 매년 농번기에 조사하게 됩니다. 그리고 자체 조사와 확인을 거치고 심의위원회의 심의를 거쳐서 처분대상 농지를 확정하여, 처분명령 통지를 하게 됩니다. 기한 내 처분하지 않을 경우 이행강제금을 부과징수하는 것이 농지처분명령에 대한 절차입니다.

농지처분명령에 대한 대처 방법
(이의신청이나 청문 대응법)

농지처분 명령에 대하여는 위에서와 같이 관계법에 정해진 절차가 있고 이에 따른 대응 절차들이 아래와 같이 규정되어 있습니다.

농지법 제12조(처분명령의 유예)

농지법 제55조(청문)

농지법시행령 제9조(농지처분의무가 면제되는 정당한 사유)

처분명령이 내려지기까지는 여러 번의 구제절차가 있습니다. 우선 농지이용실태조사를 하는 과정에서 마을 대표나 경작자들에게 확인하여 적극적으로 해명할 기회가 있으나 대부분은 이를 놓치게 됩니다.

다음으로, 이용실태 조사가 끝난 후에 처분결정을 위한 청문 통지가 있습니다. 이때는 대부분 서면 통보가 이루어지므로 일반적으로는 이때서야 알게 됩니다. 통지를 받은 후에는 지체하지 말고 해당 기관 담당자를 찾아가서 농사를 지었으면 지었다고 해명합니다. 농사를 짓지 못했다면 그 사유를 밝히고(구두, 서면) 앞으로는 성실히 농사를 짓겠다고 하든가 농지은행에 위탁하겠다고 신청하여 처분명령 유예처분을 받으면 됩니다.

대부분 이때에도 망설이고 나타나지 않다가 뒤늦게 처분명령을 받고서 이의 신청을 제출하겠다거나 변호사를 사서 소송을 하겠다는 등 어찌할 줄 몰라 이리 묻고 저리 묻고 하면서 허둥대게 됩니다. 그러나 이때는 농지를 1년 안에 처분하거나 매수청구를 하는 수밖에 달리 방법이 없습니다.

농지처분명령에 따른 통지에 대처 방법

처분명령에 대한 청문이나 이의신청 등 통지를 받으면 당황하지 말고 침착하게 대응해야 합니다. 농사를 지었다면 적극적으로 농사를 지었다는 사실을 주장하면 됩니다. 농사를 짓지 않았다면 어떠한 사유로 농사를 못 지었는지를 소명하고, 올해부터는 농사를 짓겠다는 계획서를 작성하여 소명하면 됩니다.

알고 가자!

이때 작년도까지는 농사를 지었으나 금년에는 여차여차한 사유로 자경하지 못한 것을 주장하면서 금년도에는 이러저러한 방법으로 직접 농사를 짓겠다고 작성하면 됩니다.

자경하였다는 사실이나 자경하겠다는 사실 주장을 하는 방법으로서 전화나 서신보다는, 직접 담당자를 만나서 진솔한 대화를 통해 해결방안을 제시하고, 담당자의 해결의지나 의중을 살피는 것이 매우 중요합니다. 또한, 단체장이나 지역유지 등을 동원하지 말고 일차적으로는 소유자가 직접 나서서 적극적으로 소명하는 것이 가장 중요합니다. 그런 후에 좀 어렵다 싶은 경우에 측면지원 정도로 하는 것이 좋습니다. 비단 이런 사례뿐만 아니라 관공서를 상대하는 모든 민원에서 반드시 명심하여야 할 사항입니다.

반드시 처분 명령 확정 전에 소명하라

처분명령을 위한 이의신청이나 청문 통보를 받았을 때 적극적으로 소명하라는 것입니다. 처분명령 조치가 내려진 이후에는 사실상 해결책이 없습니다. 모든 일에는 시한이라는 타이밍이 아주 아주 중요합니다. 버스가 지나간 후에 아무리 손을 흔들어도 매연과 먼지만 뒤집어쓸 뿐입니다. 이 세상에 해결되지 않는 일은 없습니다. 본인의 불찰을 인정하고 적극적으로 해결의지를 보이면서 소명한다면 해결되지 않는 일은 없다는 신념으로 부딪혀 보기 바랍니다.

처분유예 신청

처분유예 신청이 받아들여져서 처분유예 결정이 났다면 반드시 3년간은 자경을 해야만 합니다. 만약 3년 안에 자경하지 않는 경우에는 즉시 처분명령 처분을 받게 되며, 이때에는 다시 처분유예를 신청할 수가 없습니다.

또한, 농지은행에 위탁매매신청을 하는 경우가 간혹 있는데 위탁매매신청보다는 직접 자경을 하는 것이 여러 면에서 유리합니다. 이 부분은 민감하여 생략합니다.

10
농지 투자와 세금 문제

농지 투자는 재촌 자경을 명심하라

농지에 투자하였다가 처분하면서 헷갈리는 부분들이 있습니다. 농지법과 세법에서의 재촌 자경 적용이 다르기 때문입니다. 보유한 농지에서 농사를 계속 짓다가 매도하면, 농지법의 자경 원칙에 따라 그동안 처분명령을 받지 않았으므로, 양도 시에 재촌 자경인 줄 착각할 수 있습니다.

그러나 소득세법, 조세특례제한법에서의 양도세는 재촌 자경을 해야만 합니다. 즉, 재촌과 자경 요건 두 가지 모두를 충족시켜야 한다는 것입니다. 앞에서 자세히 설명을 했었지만, 재촌은 무엇이고 자경은 무엇인지 다시 한 번 살펴보기로 하겠습니다.

세법에서 재촌이란?

세법에서 재촌은 해당 지역에 주민등록이 되어 있어야만 합니다. 주민등록 등재, 기타 입증방법은 물론 실제 거주를 해야겠지요. 그래도 계속해서 살지는 않고 농사지을 때만 내려와서 살았다면, 전화요금, 전기요금, 생필품 구매, 주유 등 영수증을 챙겨 놓고, 이장, 구판장주인, 영농회장 등이 사실을 입증하도록 인지시켜야 합니다. 위와 같은 서류들이 바로 입증 서류가 되는 것입니다.

실제 사례(양도세 신고)

양도세 신고를 하였는데 아무래도 미심쩍어서 세무서 직원이 전화요금 영수증을 가져 오라고 했습니다. 그런데 투자자는 우리는 집에 전화는 안 놓았고 휴대전화만 쓴다고 하자, 세무서 직원이 그럼 휴대전화 통화내역을 제출하라고 했습니다. 휴대전화를 어디서 썼는지 짐작이 가겠지요. 어떻게 되었을까요? 그냥 재촌, 즉 실거주 입증이 안 되어서 양도세 중과세 60%에다 가산금 이자까지 큰 세금을 냈습니다.─ 그러면서 그 직원은 "내가 전화요금 영수증이라도 가져오라는 것은 그런 것이라도 있으면 거주한 것으로 인정해 주려 했던 것이다."라고 했습니다.

세법에서 자경이란?

세법에서 자경이란 농업에 상시종사하거나 농작업의 1/3 이상을 자기의 노동력으로 직접 경작해야 합니다. 즉 농사를 직접 지었어야 한다는 것입니다.

농지원부는 구입하면서 만들었습니다. 그리고 논이라면 '쌀 소득 등 보전 직접지불금' 신청도 했습니다. 또 농약, 비료 등 구입 영수증은 갖고 있습니다. 농기계 임차료 지불이나 인건비 지급 등 영수증도 있습니다. 농사일 하던 날 식사시켜서 먹은 영수증도 있습니다. 여하튼 농사를 지으면서 들어간 모든 비용의 영수증이면 좋습니다. 마지막으로 아까 제가 실거주에서 거론한 분들의 인우보증서인 경작사실 확인서도 좋습니다. 나열한 이 모든 것을 갖추면 이것들이 훌륭한 입증서류가 되는 것입니다.

- 영수증은 간이세금계산서 등은 인정받기 어렵고, 세금계산서, 현금영수증, 카드전표 등이나 공적 기관에서 확인한 증명을 신뢰합니다.
- 양도세 신고할 때는 위에서 갖고 있는 서류 모두 제출하는 것이 아니라 농지원부와 농자재구입 영수증 정도만 제출하고, 추가 요청 시에 다른 입증서류를 내는 것도 요령이라면 요령입니다.

양도세 신고 시 재촌 자경 규정의 엄격성

요즈음은 양도세 신고 시에 그 지역에서 전 가족이 오랫동안 거주하였고, 농지가 실제 가까운 거리에 있으면서 특별한 직업이 없거나 사업장이 없고, 나이가 40대 이상이라면 농지원부만으로도 통과가 잘 됩니다. 그러나 거주나 거리가 애매하거나 직업이 있고 사업자등록이 되어 있는 경우에는 재촌이나 자경에 대한 입증을 요구하는 추세라고 보면 됩니다. 따라서 농사지으면서부터 바로 대비를 해야 합니다. 거기다가 8년 이상 자경이나 대토로 인한 양도세 감면을 받는 경우에는 더욱 그 기준을 엄격하게 따지므로 대비를 빈틈없이 해야 합니다. 이러한 입증자료가 어느 날 갑자기 만들어질 수 없기 때문입니다. 여하튼 지금은 정보통신의 발달과 교통의 발달로 인하여 모든 것이 확연하게 밝혀지는 세상입니다. 미리미리 준비를 해야만 할 것입니다. 잘못하면 앞에서 남고, 뒤로 밑지는 투자가 될 수도 있으니까요.

부동산 투자에서 이제는 다른 무엇보다도 절세, 세테크가 가장 중요한 비중을 차지하게 되었습니다. 재촌 자경에 대하여는 앞으로도 수없이 반복 강조할 것입니다. 농지 투자에서는 재촌 자경을 잠시라도 잊어서는 안 됩니다.

농지 투자에서 필수 세금 상식

농지의 구입과 보유 처분에 따른 세금은 매우 어렵고 복잡하며, 또한 수시로 변경되어 항상 관심을 둬야만 하는 사안입니다. 농업인의 경우에는 감면 조항이 있어 알아두면 매우 유익하고 투자이익을 극대화할 수도 있습니다.

농지의 구입, 보유, 관리, 처분 등에 있어 농업인에게 적용되는 세금 감면 내용을 알아보겠습니다. 다만, 여기서 말하는 농업인이란 '재촌 자경을 하는 자로서 농지원부에 등재된 후 2년 이상인 자'를 말합니다.

알고 가자!

소득세법 농작업에 상시 종사하거나 농작업의 1/2 이상을 자기의 노동력에 의해 경작하는 재촌과 자경의 요건을 충족한 경우 부재지주 농지로 보지 않습니다.

재촌 자경 요건을 다시 한 번 간략히 정리하면 재촌이란 다음의 어느 한 곳의 거주지에서 거주하는 자를 말합니다.

- 토지 소재지 거주자
- 토지 소재지 연접 시 · 군 · 구에 거주하는 자
- 토지 소재지로부터 30킬로미터 이내에 거주하는 자

알고 가자!

자경이란 농업을 직접 영위하는 자로서 다음의 어느 한 가지에 해당하는 자를 말합니다.

- 농작업에 상시 종사하거나

- 농작업의 1/2 이상을 자기의 노동력에 의해 경작하는 자

- 자기의 소유토지에서 90일 이상 종사하는 자

알고 가자!

자경농민이란　재(自 자기가 가지고 있는) / 경(耕 경작지(땅)를)
농(農 직접 농사짓는) / 민(民 사람)
이라고 하면 쉽게 이해되지 않나요?

농지 취득할 때 세금(취득세 감면 내용)

1. 농업인이 농지 매매 등 유상 구입할 때에는 취득세가 50% 감면됩니다.

- 취득세 3% +부가세 0.4%이지만 50% 감면됩니다.

　(농어촌특별세: 취득금액의 0.2%, 지방교육세: 취득금액의 0.2%)

- 등록 시 구입해야 하는 공채 구입이 100% 감면됩니다. 단, 구입한 농

지를 2년 이상 재촌 자경하여야 하며, 만약 2년 이내에 재촌 자경하지 않거나 처분하면 감면된 세액은 납부하여야 한다.

2. 자경농민이 농지를 상속받는 경우에는 취득세가 감면됩니다.

– 일반적인 상속농지의 취득세는 2.56%이지만 100% 감면됩니다.

3. 농지의 교환, 분합 시에는 취득세는 면제됩니다.

– 교환, 분합하는 농지의 기준시가 액에 한합니다.

4. 공익사업으로 수용된 농지의 대토 시에는 취득세가 면제됩니다.

– 일정기준을 충족 시에 수용가액, 즉 보상가액에 한하여 면제됩니다.

5. 농지 이외에 농업용 시설 취득 시에도 취득세가 50% 감면 됩니다.

– 농업용 시설인 농업용 창고, 버섯재배사, 축사 등의 취득 시에도 취득 세가 50% 감면됩니다.

– 농업용 기계류는 취득세, 자동차세를 면제하고, 농업용 관정시설은 취득세와 재산세를 면제합니다.

농지 보유 시 세금(재산세와 종합부동산세 내용)

1. 재산세

일정요건을 갖춘 자경농지는 분리과세(0.07%)한다. 자경농지가 아니거나 도시지역 내 농지 등인 경우에는 합산과세 한다.

2. 종합부동산세

별도과세대상인 농지는 종합부동산세 대상이 아니라고 보면 되고, 합산 과세대상인 농지는 종합부동산세 대상이 된다.

농지 처분 시 세금(양도소득세와 상속세 및 증여세)

1. 양도소득세

가. 8년 이상 재촌 자경한 농지를 매도하는 경우에는 1년간 1억 원, 5년간 3억 원까지 양도세를 감면한다.

나. 4년 이상 재촌 자경한 농지를 대토하거나 사업인정고시일 2년 전부터 재촌 자경한 농지를 대토하는 경우에는 1년간 1억 원, 5년간 1억 원까지 양도세를 감면한다.

알고 가자!

대토란 경작상 필요에 의하여 자기가 경작하던 농지를 양도하고 그에 상응하는 다른 농지를 취득하는 것을 말한다.

- 4년 이상 종전의 농지 소재지에 거주하면서 경작한 자가 종전의 농지를 양도한 날로부터 1년 이내에 다른 농지를 취득해 종전농지포함 8년 이상 새로운 농지 소재지에 거주하면서 경작하여야 하며(수용으로 인한 대토 시에는 사업인정고시일 2년 전부터 재촌 자경한 자가 보상금 수령일로부터 2년 이내에 다른 농지를 구입하여 3년 이상 재촌 자경하는 경우),

- 대토의 기준은 종전토지가액의 1/2 이상이거나 종전 토지면적의 2/3 이상이어야 한다.

다. 농지의 교환, 분합 시에는 기준시가에 의하여 그 가액의 차이가 1/4 이하이어야 한다.

◇ **기타 공통 조건들**

- 농지 매도, 교환, 수용 시 현재 재촌하면서 농지로 사용하고 있는 농지이어야 한다.

- 재촌과 자경 요건이 충족된 농지여야 한다.

- 대토 시에는 새로 구입한 농지를 종전농지포함 8년 이상 재촌 자경하여야만 한다.

◇ **감면 예외 농지**

- 양도일 현재 특별시, 광역시 또는 시지역의 주거, 상업 및 공업지역 안의 농지로 이들 지역에 편입된 날로부터 3년이 지난 농지

– 환지 처분 이전에 농지 외의 토지로 환지예정지의 지정이 있는 경우 지정일로부터 3년이 지난 농지

2. 증여세

가. 자경농민이 영농자녀에게 증여할 때 증여세 감면

– 증여인의 조건은 농지 소재지에 거주하여야 하며, 증여 일부터 소급하여 3년 이상 계속해서 직접 농사를 짓고 있어야 한다.

– 수증인의 조건은 농지 소재지에 거주하며, 증여받는 날 현재 만 18세 이상 직계비속으로 농지를 물려받은 날로부터 3년 이상 계속 영농에 종사해야 하며, 소유농지에서 농작물재배에 상시종사하거나 농작업의 1/2 이상을 자기노동력으로 경작하여야 한다.

– 증여세를 감면받은 영농자녀가 이를 5년 이내에 처분하거나 직접 영농에 종사하지 아니하면 감면받은 증여세와 이자 상당 가산세를 포함해 증여세가 추징된다.

알고 가자!

영농자녀에게 증여 후 10년 이내에 사망하더라도 증여세 감면 농지는 상속재산에 포함되지 않는다.

나. 영농자녀가 아닌 자에게 증여 시에는 일반증여세를 납부하여야 한다.

3. 상속세

가. 영농상속인의 농지 상속 시 재산 추가 공제

- 피상속인(사망인)이 사망 2년 전부터 영농에 종사하던 자로, 농지 소재지와 동일한 시·군·구에 거주하여야 한다.

- 상속인은 후계 농업경영인이거나 임업후계자, 농업계열학교 졸업자, 사망일 현재 18세 이상인 자로 사망일 2년 전부터 계속 영농에 종사한 사람이어야 한다.

- 농업소득세 과세대상 농지이거나 초지법상의 초지 새로 조성한 기간이 5년 이상인 산림지면 영농상속 공제 대상 농지에 포함된다. 다만, 영농상속재산 전부를 영농에 종사하는 사람이 상속받을 때만 추가공제가 가능하며, 농지 일부를 상속받거나 다른 직업이 있으면서 간접적으로 영농에 도움을 준 경우 추가공제 받을 수 없다.

알고 가자!

영농상속재산 추가공제를 받은 상속인이 5년 이내에 상속받은 농지를 처분하거나 영농에 종사하지 않게 된 때에는 공제받았던 상속세를 다시 부과합니다.

복잡한 세금 체계이고 수시로 바뀌는 관계로 항상 관심을 둬야 하며, 특히나 중과세나 비과세, 감면, 면제 등에 대한 세테크가 필요합니다.

농지 취득, 양도 시 거주 및 거리 요건 비교

구 분		거주요건	통작거리	비 고 (증명 등)
농지취득 자격 증명		거주요건 없음	통작 거리 없음	농지취득 자격증명 원 발급
토지거래 허가		전 가족이 토지 소재지에 거주(신규구입자)	연접 시·군·구에 전 가족이 거주하는 농업인 (농지원부 보유자)인 경우 30킬로미터 이내	토지거래 허가증발급
상속		거주요건 없음	통작 거리 없음	등기 시 증명, 허가 필요 없음
수용된 토지 대 토시 세금 감면	지방세	토지 소재지 구·시·읍·면 및 연접지역 구·시·읍·면에 사업인정고시일 1년 전부터 재촌 자경하고 1년 이내 구입 시 100% 감면	농지 소재지 구·시·읍·면 및 연접한 구·시·읍·면의 30킬로미터 이내 지역(농지가 아닌 경우 연접 시·군·구 지역까지)	수용 확인서 제출

수용된 토지 대 토시 세 금 감면	양 도 세	– 사업인정고시일 2년 이전부터 소유한 경 우 10% 감면(채권보 상 시 15%, 만기약 정 시 40% 감면) – 재촌 자경하고 사업 인정고시일 2년 전부 터 경작하는 경우 2 년 이내 구입 시 1억 원 감면	– 토지 소재지 또는 그 연접 시·군·구 또는 토지 소재지에 서 30킬로미터 이내 자로서 8년 이상 경 작자 또는 대토한 자 – 대토 구입은 토지거 래허가지역은 주소지 로부터 80킬로미터 이내 – 그 외 지역은 거리 제한 없음	수용확인 서 제출
경작 상 필 요에 의한 대토시 양도 세 감면		종전농지 소재지 또는 연접 시·군·구에서 4년 이상 재촌 자경한 농지매도 후1년 이내 대토 구입 시 1억 원 감면	종전 농지 포함 8년간 재촌 자경해야 함 이농·귀농인 경우에 는 통작거리 없음	재촌 자경서류 제출
농지추가, 대 토구입 시 지방세 감면		농지원부 보유자 채권 100% 감면하고, 2년 이상 농지원부 보유자 채권 100%, 지방세 50% 감면	농지원부 등재 2년 이 상 재촌 자경해야 함	농지원부 제출

11

'부동산' 잘 파는 것도 투자다
- 상품화하여 팔아라

농지 매도 처분 유형

농지를 구입하여 직접 돈을 벌었거나 임대수익을 올렸거나, 아니면 차익 실현을 위하여 잘 보유 관리하여 가치를 상승시켰다면, 이제는 처분을 잘해야만 진짜 투자에서 성공한 것이 될 것입니다. 처분하는 방법들은 매매, 수용, 증여, 경·공매, 상속 등이 있습니다.

일반적으로는 매매가 대부분일 것이며, 매매에서도 구입해서 그대로 매도하는 방법과 건축 등으로 개발해서 매도하는 방법 등 여러 방법이 있을 겁니다. 일반 매매에 대하여는 제2장에서 투자수익률로 분석해 드리므로 여기서는 자세한 설명을 생략하겠습니다.

다음으로는 본인의 의지와 관계없이 수용을 당하게 되는 경우가 있습니다. 내 농지가 수용되는 경우에는 사전에 대비해서 감정평가를 잘 받도록 하는 방법들이 있고, 보상 시에 부수적인 방법, 즉 대토를 받거나 영농보상을 받는 방법들이 있습니다. 또 벌어 놓은 재산을 다 쓰지 못하고 자식들에게 남겨주는 방법으로서 살아서는 증여, 죽어서는 상속이라는 제도가 있습니다.

나의 자산이 기준시가로 10억 원이 넘어간다면 사전에 증여를 잘하는 것도 자산관리 차원에서는 매우 중요합니다. 즉, 10년 단위로 자녀나 배우자에게 사전 증여로 자산을 분산하는 것입니다. 상속으로 할 때도 아파트보다는 농지 등 토지가 좀 유리하기는 합니다. 또 하나 증여나 상속에서 영농승계 자녀에게 넘겨주면 증여세와 상속세가 감면되는 것도 좋은 방법인데, 대부분이 잘 몰라서 이를 이용하지 않고 있습니다.

또 공매나 경매를 얘기하면 그런 방법도 있느냐고 하실지 모르겠지만, 이를 이용하여 처분하면서 돈 버는 사람들도 많이 있습니다. 이의 방법이나 사례의 소개는 이곳에서 생략하니 그런 것도 있다는 정도로 이해 바랍니다.

농지에 투자하였다면 세테크가 매우 중요합니다. 이는 처분 전략과도 일맥상통하게 되어 있고 투자수익을 극대화할 수 있기도 합니다. 이에 대하여는 세금 부분에서 반복 강조하므로, 처분과 연계하여 익혀두시기 바랍니다.

기획부동산에서 파는 요령을 배워라

부동산은 구입에서 관리 처분까지 어느 것 하나 소홀히 할 수 없으며 마지막 그 순간까지 최선을 다하여 최유효이용을 하거나 활용을 하는 등 가치를 높여야만 합니다.

우리는 주변에서 소위 '기획부동산'이라 하면 쳐다보지도 않는 분들을 봅니다. 그래서는 안 됩니다. 신문에 나온 광고나 기획부동산의 판매 수법을 잘 보고 내 부동산의 관리나 처분 시에 적극적으로 활용하는 것도 부동산 투자에서는 좋은 방법입니다.

마치 돼지를 키울 때 집에서 나오는 뜨물에 겨만 풀어서 줄 것이 아니라, 이웃집이나 음식점의 잔반을 모아다가 끓여 주어 살을 찌우는 것처럼, 남이 잘하는 것은 시기할 것이 아니라 배우고 실천을 하는 것도 부동산 투자자에게 요구되는 자세입니다.

잘 팔려거든, 제값을 받으려거든 포장을 잘하라

농산물이 대부분 산지에서 제값을 못 받는 반면, 유통 상인들은 폭리를 취한다면 이는 어디에 문제가 있다고 보십니까? 상품으로 잘 가꾼 농산물을 산지에서는 대충 수확하여 시장으로 내다 팔게 됩니다. 여건이 모자라고 바쁘다는 핑계로 그러하지만, 이것은 과거 우리나라 공산품이 마지막 1%가 부족하여 시장에서 제값을 못 받던 것과 같습니다.

흠집 나고 망가지고 보기 싫은 부분을 손질하고 규격대로 분리해서 누구에게나 구미가 당기도록 멋 나는 포장재에 담아서 제대로 상품화해도 제값 받기 어려울까요? 결국은 이러한 작업을 유통상인들이 하면서 1% 투자로 몇 배의 유통수익을 챙기는 것이라고 봅니다. 물론, 요즈음은 산지에서 선별이나 포장이 잘되고 있어서 제값을 받는 농산물들이 제법 있기는 합니다만, 아직도 많은 부분이 유통업자에 의해 이루어지는 것이 현실입니다.

부동산 투자, 농지 투자에서도 마찬가지입니다. 대부분 사람은 개발한다고 포장에 너무 신경을 쓴 나머지 과다한 투자가 되거나 구입을 해서는 매도까지 그냥 보유만 하고 있다가 방치한 그대로 파는 경우가 많습니다. 이래서는 투자수익을 극대화할 수 없습니다. 우선은 관리를 잘해야 합니다. 내 땅에다 다른 사람의 쓰레기 투기를 막는 등 다른 용도로 사용하지 못하게 해야 합니다.

그러나 이것만으로는 안 됩니다. 내 땅이 꺼져 있으면 돋우어야 하고, 주변보다 높으면 깎아내려야 하고, 내 땅이 자갈밭이거나 못쓸 땅이라면, 좋은 흙으로 메우고 예쁘게 꾸며서 누구라도 탐낼 수 있도록 잘 가꾸어야 합니다. 그렇지만, 이것만으로도 역시 1%가 부족합니다.

땅이 못생겼으면 주변 땅과 합치고 나누어서 예쁘게 만들어야 하고, 너무 큰 땅이라면 수요자의 기호에 맞도록 작게 나누어야 합니다. 이때도 땅을 구입할 수 있는 수요자가 많도록 만들어야 합니다. 결국, 모든 상품은 공급과 수요의 원칙에 따라서 가격이 결정되는 것이니까요.

여기서 기획부동산의 전략을 한번 살펴보겠습니다. 언론매체 등을 통한 광고를 하는 것은 아주 기본이고, 해당 지역이나 인근의 개발계획을 가지고 그 땅의 효용가치를 부각시켜서 누구나 구매 의욕을 느낄 수 있도록 멋지게 포장을 합니다. 그리고는 구매자에게 맞도록 분할하여 적은 부담으로 구매할 수 있도록 합니다. 대부분 가정주부의 비상금이나 각 가정의 여윳돈 정도인 과거에는 2천만 원 전후, 요즈음은 5천만 원 전후의 물건으로 만드는 것입니다. 기획부동산에서 배울 점을 이제 아시겠습니까? 이것이 바로 우리가 구매자에게 맞도록 물건을 상품화해야 하는 이유입니다. 잘 파는 것도 투자의 한 가지 방법입니다.

MEMO

Part 2

농지 투자
노하우와 실전 사례

시작하며

우리는 앞에서 농지 투자에 필요한 준비사항과 유의사항을 살펴보았습니다. 혹시 1장을 건너뛰고 2장을 먼저 펼친 분이라면, 앞장에 나오는 농지 투자에서 꼭 알아야 할 기본적인 용어 등을 우선 숙지하기 바랍니다.

"농지에 어떻게 투자해서 돈 벌었는지만 알면 되지, 그까짓 법령이나 용어가 뭐 그리 중요하냐?"라고 하는 분은 구구단을 배우지 않고 수학자가 되려는 것과 같습니다. 우리 사회는 언제부터인가 과정은 중요시하지 아니하고 그 결과만을 가지고 모든 걸 판단하고 평가하는 그런 세상이 되었습니다. 그러나 결과만큼이나 그 과정도 매우 중요합니다.

이번 장에서는 농지 투자하려면 어떤 각오와 마음가짐으로 투자에 임해야 하는지와 실제 투자 사례를 살펴보면서 농지 투자에 대한 이해를 돕고자 합니다. 여기서 소개되는 사례나 투자방법은 단돈 몇만 원으로 몇억을 벌었다는 그런 이야기가 아니라, 어디에 어떻게 어떤 것에다 투자했고 어떻게 관리했더니 투자수익이 극대화될 수 있더라는 이야기입니다.

남들이 돈 벌었다는 이야기는 그 시절 그 사람에게는 맞았던 투자법이었는지 모르겠지만, 앞으로 내가 투자해서 돈 벌 수 있는 그런 방법은 아닐 것입니다. 그렇지만, 여기에 소개된 글처럼 누가, 어디에, 어느 방법으로, 어떻게 투자하고 관리하고 처분했는지를 알면, 누구라도 비슷한 상황이나 새로운 투자 환경에서 유연하게 대처하며 돈을 벌 수 있을 것이라고 생각합니다.

부동산 투자대상 농지란?

'돈 되는 농지 투자', '농지 투자전략'이라는 표현에 농사를 천직으로 알고 농업에 종사하는 많은 사람이 분노를 표출할 수도 있습니다. 그러나 농사를 짓는 것도, 개발이익 등을 취하고자 하는 것도, 투자의 관점이 다를 뿐이지 실제로 그 자체는 투자라고 봅니다.

투자대상 농지란?

농사를 짓는 자체는 농업생산성 제고라는 측면에서 투자라 할 수 있고, 개발이익 등을 추구하는 것은 차익실현을 통한 투자라고 할 수가 있습니다. 부동산시장에서 말하는 농지 투자란 농업생산성이 없거나 아주 낮은 곳으로서 도시근교 혹은 개발 압력이 있는

지역의 농지라고 보면 될 것입니다.

여기서 우리가 한번 생각할 것이 있습니다. 농어촌공사나 농업 전문가들은 생산성 있는 농지의 한계가치를 일반 경종농업의 경우에는 10,000원/㎡ 이상을 넘어가면 생산성이 없는 마이너스 생산으로 봅니다. 시설채소나 특수재배 경우는 20,000원/㎡을 넘으면 수익성이 없다고 판단합니다.

그런데 현실에서 거래되는 농지는 어떤가요? 순수한 농업을 위한 지역이 아닌 도시근교 등의 농지는 이 한계치를 넘어서 거래되는 것이 현실입니다. 이 가격대를 넘어선 정도가 아니라 농촌지역의 대지보다도 훨씬 비싼 농지들이 많이 있습니다. 이미 수도권이나 대도시권의 대부분 농지는 농사를 짓는 생산성 있는 농지로서의 가치를 상실했습니다. 대다수 사람이 투자대상으로 하는 것은 이러한 농지들입니다.

농지가 도시근교에 있어서 언제 개발될지 모르는 땅이라면, 농사지을 분들이 구입해서 시설 등을 투자하고 농사지을 수는 없을 것이며, 더군다나 수십만 원씩 하는 땅에서는 경영수지를 맞출 수는 없습니다. 반대로, 상가를 하거나 공장을 짓거나 창고를 지으려고 하는 분들이 저 멀리 지방의 산골짜기나 들판에 있는 농지를 구입해서 개발을 한다면, 이용이나 관리에서 규제를 받게 되고 유통

비용 등으로 경영상 수지타산을 맞출 수가 없을 것입니다.

생산을 위한 것이던, 개발을 위한 것이던, 차익실현을 위한 것이던 간에 농지에 투자하는 모든 분, 나아가 부동산 투자의 공통조건은 편리한 교통과 수요층이 두터운 곳, 그러면서 발전성이 있는 곳이 아닐까요?

다만 농촌에서 농업을 하시는 분 중에는 투자와는 상관없이 묵묵히 농사일에 열심이신 분들도 많이 있습니다. 하지만, 농사짓는 분들도 농업생산성 제고 등으로 그 수익을 극대화하여 가치를 높이고자 하기 때문에 이도 소극적인 형태의 투자라고 말할 수 있습니다.

한정된 국토에서 단위당 생산성을 높이는 투자이든, 좀 더 나은 용도로의 활용을 위한 개발이든 간에, 농지에 투자하는 방법이나 관점이 다를 뿐, 그 추구하는 결과는 같다는 것입니다. 단지 그 주어진 여건에 맞는 가장 좋은 방법과 그것을 최유효이용 하는 방법이 다를 뿐입니다.

농촌에 있는 창고는 우사나 창고 등의 용도밖에는 사용할 수 없으나, 도시에 있는 창고는 집으로 개조도 가능하고 공장으로 활용도 가능합니다. 창고를 창고로만 활용해야 하는 것은 아닙니다. 그 주어진 여건에서 최유효이용 가치로 활용하면 되는 것입니다. 오히려 이것이 한정된 국토를 더욱더 잘 활용하는 것으로 생각합니다.

물론, 식량이 점차 안보차원으로도 활용되고 있어 결코 농지를 소홀히 하거나 함부로 대해서는 안 됩니다. 그렇기 때문에 농지를 잘 보존하고 생산성을 높여야 하는 것도 사실입니다. 그 자체를 부정하는 것이 아니라, 농지도 농사를 짓는 것으로 또는 다른 용도로 최유효이용 하도록 하자는 것입니다.

농지도 투자다. 이는 어느 관점에서 보느냐에 따라서 농사를 지어야 하는 것이 좋을 수도 있고, 다른 용도로 개발하는 것이 좋을 수도 있다는 것입니다.

농지, 즉 토지야말로 진짜 부동산이라 할 수 있습니다. 아파트 등 건물을 부동산이라 하지만, 결국 오래되면 그 위치에 따른 땅값으로 그 가치를 판단하는 만큼 부동산은 토지라는 것을 입증하는 것입니다. 그런데 농지는 그 토지의 가장 원자재에 해당하는 부동산이라는 것입니다. 그렇다면 생산성이 낮고 개발 압력이 높은 농지야말로 투자대상으로서의 부동산이라고 보는 게 맞습니다.

농업지원 정책을 농지 투자에 이용하지 마라

언젠가 땅 투자 전문가라는 분의 강의를 들으러 갔다가 기겁을 한 적이 있습니다. 정부의 지원정책을 농지 투자에 활용한 사례를 마치 대단한 투자의 노하우인 것처럼 이야기하는 것을 보았습니다. 이는 수많은 선량한 농민에게 피해를 주고 우롱하는 짓이며 정부의 정책에 혼선을 초래하고 세금을 도둑질하는 행위입니다. 어떤 경우에도 투자자들은 농촌이나 농지에 대한 지원금이나 정책과 사업을 가로채서는 안 됩니다.

모두 아시겠지만, 정부에서는 농촌과 농업인을 보호·육성하기 위한 각종 법률을 만들어 놓고 농어촌 마을의 공동편의시설이나 개인의 문화생활 등 쾌적한 농촌생활을 지원합니다. 또 농산물의 생산성을 높이고 수익을 증대하기 위하여 생산에서부터 판매까지 각종 지원을 하며, 농어촌에 정주할 수 있도록 정책자금이나 농지 구입비 등을 지원하고 있습니다.

이러한 정책이나 지원금은 생산을 위한 농업인이 정부정책에 호응하는 대가로 주어지는 보상이며, 농촌을 지키는 이들에 대한 보답으로 주어지는 과실입니다. 그런데 투자자들이 마치 자기도 정착 농업인인 것처럼 수령하고, 더군다나 이를 틈새 투자 방법으로 이용하는 것은 아주 잘못된 행위이며, 국가와 국민을 상대로 한

범죄인 것입니다. 이는 늑대가 양의 탈을 쓰고 양떼 무리에 숨어서 양을 잡아먹는 행위와 같으며, 마치 애완용이나 호신용 개를 보신용 개로 잡아먹거나 팔아먹으면서, 똑같은 개인데 내가 잡아먹거나 팔아먹는다고 무슨 잘못이냐고 항변하는 것과 같습니다.

2

농지 투자용 물건 찾는 법과 답사 요령

부동산 투자에서 가장 중요한 것은 뭐니 뭐니 해도 가치 있는 부동산을 어떻게 찾아서 투자하느냐 하는 것입니다. 지금부터 투자대상지역과 물건 찾는 법과 확인하는 요령 등에 대하여 알아보고자 합니다. 물건을 찾는 방법도 물건에 따라서 다르고 규모나 투자자금에 따라서 다르므로, 그야말로 그 방법들도 각양각색입니다. 여기서는 일반적인 투자자분들이 하는 농지 투자에 대하여 알아보겠습니다.

부동산 투자 대상 물건 찾는 법

먼저 투자대상 물건을 찾는 방법을 알아보자면, 이곳에서 모든 것을 설명하기는 참으로 난해하므로 세세하고 민감한 이야기는 피하고, 일반적으로 알아야 할 내용 위주로 전개하겠습니다.

부동산 투자를 위한 물건을 찾는 경우에는 크게 두 가지로 나눌 수 있습니다. 특정 지역이나 대상 부동산을 정하지 않은 상태에서 돈이 될 만한 지역이나 개발계획 등을 보고 투자할 대상 부동산을 찾아서 투자하는 하향식 방법이 한 가지 방법입니다. 또한, 이와는 반대로 투자대상 부동산을 점찍어 놓고서, 그 지역의 개발계획이나 발전성 등 그 부동산이 돈이 될 것인지를 확인해 가는 상향식 검토 방법이 있습니다.

어느 것이 옳은 방법이고 어느 것이 잘못된 방법이라고 말할 수는 없습니다.

때로는 지역을 먼저 보는 예도 있고, 때로는 물건을 먼저 점찍는 일도 있으니까요. 다만, 막연히 부동산에 투자하겠다고 생각하고 덤벼들었다면 전자에 해당합니다. 그러나 실제 부동산시장에서는 전자와 후자가 뒤섞여서 서로 상호 보완되기도 하고 대치되기도 하면서 행해지고 있습니다.

여기서는 전자 위주로 설명할 것이며, 후자인 경우라면 전자로 말씀드리는 것을 역으로 생각해서 더듬어 가면 될 겁니다.

부동산에 투자하려고 할 때 그 투자 동기는 대부분 이렇습니다. 주변에서 누가 투자해서 돈 벌었다고 하면, 무조건 투자시장으로 뛰어드는 식입니다. 이렇게 해서는 돈이 안 됩니다. 누가 돈을 이미 벌고 떠난 곳이나 그 물건에 투자한다면, 이미 그곳은 파장이고 내가 먹을 게 없는 곳입니다. 그래서 소위 고급정보를 가지고 투자하면 돈을 번다고 하지만, 이 또한 위험하기는 마찬가지입니다. 언제 될는지, 진짜 될는지, 투자성공의 확률은 50%도 안 되는 경우가 많습니다.

따라서 어느 정도 개발에 대한 윤곽이 나오고 소문이 막 나는 시기가 그래도 좋은 투자시기입니다. 개발 등에 대한 정보는 언론이나 부동산업체, 아니면 관심 있는 해당 지역에서는 소문이 먼저 납니다. 이런 정보가 어느 정도 사실에 근거한 것인지, 추진은 가능한 것인지 등을 확인하고, 국토종합계획이나 도시기본계획이나 개별개발계획을 처음부터 단계적으로 계속해서 추적 관리하면서 그 추진상황에 따라서 수시로 매수 매도 타이밍을 잡아야만 합니다. 그냥 소문에 의하거나 개발계획을 보고 투자하여 묵히라고 한다고 그냥 놔두어서는 절대로 안 됩니다.

개발계획, 개발가능성 지역 찾는 법

개발계획을 소문으로든 언론으로든 알았다면, 그 추진 가능성이나 주변에 미칠 영향 등을 판단하고 이제는 투자를 결정해야 합니다.

그리고 어디에 어떻게 할 것인지를 판단해야 합니다. 즉, 개발이 되는 지역 내에 투자하여 보상을 받고 나올 것인지, 개발되는 인근지역에 투자하여 그 대토 등을 노린 투자를 할 것인지, 아니면 개발에 따른 주변 상권이나 진입로 입구 투자로 혜택을 누릴 것인지 등 내가 바라는 과실들이 어떤 것인지 확실하게 정하고 판단하여 투자대상 물건을 찾아야 합니다.

물론 소문에 의해서 했든, 꼼꼼히 짚어보고 했든, 남의 꾐에 빠져서 했든, 본인의 판단에 의해서 했든 간에 투자를 한 이상은 그러한 계획들이 취소되거나 위치가 바뀌거나 함흥차사가 되거나 하는 것들까지 고려하여 투자대상 물건을 지키고 가꾸면서 계획의 변경 등에 능동적으로 대처하는 관리가 필요합니다.

또 다른 방법으로, 일반적으로 많이 하는 방법으로 대상물건을 정하고 투자하는 것은 자기가 잘 아는 지역이라거나 마음에 드는 물건을 정해서 투자하는 것입니다. 이런 경우에는 물건이나 투자지역을 잡았다면 그 물건에 대하여 개발할 수 있는지 아니면 다른 가치가 있는지를 살펴야 할 것이고, 다음으로는 그 물건 주변으로 개발계획이 있는지 찾아야 합니다.

이렇게 역으로 추적해서 거슬러 올라가 보면 어느 정도의 가늠이 오게 됩니다.

투자대상지역 물건 답사요령

답사요령은 특별한 것이 없고 잘못 전달되면 그 해석에 오해가 있으므로 그냥 많이 다녀 보고 오래 연구하라는 것으로 하겠습니다. 그리고 뒷장에 나오는 '부동산 투자로 성공하는 가장 확실한 방법'이라는 글을 보시면 알게 됩니다.

부동산 투자대상 물건을 찾는 방법에 대하여 궁금하신가요? 가장 손쉬운 방법은 주변 부동산중개업소를 찾는 것입니다. 해당 지역의 이장이나 영농회장이나 경작자 등을 찾는 방법도 있습니다. 점찍어 놓고 그 지역 토지소유주를 작업하시는 분들도 있습니다.

부동산 가격 알아보는 법

가격을 알아보는 방법들도 위와 비슷합니다. 중개업소나 그 지역의 이장이나 경작자 등에게 물어보는 방법들이 가장 흔하게 쓰입니다. 또 다른 방법으로는 요즈음의 공개된 정보를 활용하는 것입니다. 공시지가 등을 기준으로 하여 비교 판단하는 방법들이 있습니다. 경·공매 감정가나 낙찰가를 가지고 판단해 가는 방법들도 있습니다.

위와 같은 방법 말고 비교 판단하는 방법에는 대지를 기준으로 알아보는 방법을 많이 사용합니다. 대지를 100으로 할 때 주택지는 80%, 공장용지는 70%, 전은 50%, 답은 40%, 임야는 20%와 같은 이런 방법입니다. 개별적인 요인을 감안하여 플러스·마이너스 10~20%를 해주어야 합니다. 물론 이것도 정확한 것은 아니고, 이 또한 지역별로 물건별로 다 다르므로 가중치 부여가 매우 중요합니다. 이렇게 생각하면 쉽습니다. 현재의 땅값에다 대지를 만드는 그 지역의 비용을 합해서 대지가격의 90%로 보면 됩니다. 경우에 따라서는 공장용지나 전원주택지가 더 비싼 곳도 있습니다.

언제나 부동산에는 정답도 없고 정가도 없다는 것을 명심해야 합니다.

계약과 관리에 대한 '살짝' 정보

투자대상 물건과 가격을 알았다면 다음 단계는 계약하는 것입니다. 이때 반드시 짚어야 할 것이 개발하려고 한다면 도로 문제를 확인해야 합니다. 그리고 그 지역의 허가 등에 대한 분위기도 살펴야 합니다. 그러나 개발예정지나 그 주변에 보상을 노린 투자라면 도로를 무시하고 투자해도 됩니다.

구입했다면 다음은 관리해야 합니다. 그래서 누가 보아도 탐내는 물건이 되도록 화장해야 할 것이고, 그다음은 매도할 때 세금을 줄일 방법을 찾아야 하겠지요.

처분을 할 때는 적당한 수익을 남겨야 함은 물론이고, 사는 사람도 먹을 것이 있도록 해야 합니다. 나만 욕심을 내서는 팔리지도 않고, 또 동방예의지국에서 그렇게 야박해서는 돈이 붙질 않습니다. 또한, 이 물건을 팔고 새로 투자하는 다음 투자물건과 연계하여 최대수익을 낼 수 있는 방법도 생각해야 합니다.

투자대상 물건 확인 방법

부동산 투자대상 물건을 확인하는 방법으로 예전에는 지적도면이나 일반지도를 가지고 현장으로 뛰었습니다. 지금은 인터넷이나 위성지도의 보급 등으로 손쉽게 파악하는 아주 편리하고 좋은 세상이 되었습니다. 그럼에도, 아직도 이를 잘 모르거나 소홀히 하여 잘못 투자하는 사례가 많아 안타깝습니다.

관계 공부와 도면 확인 방법

우선은 서면으로 확인해야 합니다. 서면 확인 기본서류로서는 등기부등본, 토지대장등본, 지적도, 토지이용계획확인서, 공시지가 확인서, 등기권리증 등이 있습니다.

등기부에서는 권리관계로 소유자와 저당권, 압류 등을 주로 확인하며, 토지대장에서는 현황관계로 지목과 면적, 변동내역을 확인합니다. 지적도에서는 토지의 모양과 인접도로, 하천 등 주변 상황을 확인하며 토지이용계획확인서는 이용관계로 용도지역이나, 지구, 구역 등을 확인하고, 특히 토지이용규제정보서비스에서는 개별 필지의 개발 가능 여부와 주변의 도시계획이나 개발 정보를 얻을 수 있습니다. 공시지가 확인서는 토지가격 즉 공시가격을 확인할 수 있으며 등기권리증은 소유자 본인 여부를 판단하려고 하는 정도로 이해 바랍니다.

인터넷 매체를 통한 확인

그럼 이런 관련서류는 어떻게 확인할 수 있을까요? 물론 관련기관을 찾아서 민원서류를 발급받으면 되지만, 아래 정부의 관련 민원사이트에서 인터넷으로 간단하게 검색할 수 있습니다.

등기부는 대법원인터넷등기소	http://www.iros.go.kr/PMainJ.jsp
토지대장은 민원24	http://www.egov.go.kr/main?a=AA020InfoMainApp
토지이용계획확인서와 공시지가확인서는 온나라	http://www.onnara.go.kr/
이외에 토지이용규제정보서비스	http://luris.mltm.go.kr/web/index.jsp

실수 없는 현장 확인 요령

이제 관련 공적장부와 인터넷 등에서 서류 검토가 모두 끝났다면 반드시 현장 확인을 합니다. 현장답사의 사전 준비에는 여러 가지 방법의 자료 수집이 있지만, 현시점에서 내가 하는 방법은 다음과 같은 것입니다. 위성사진으로 현장을 가기 전에 다시 한 번 확인을 해보는 것입니다.

지오피스	http://www.geopis.co.kr
다음지도	http://local.daum.net/map/index.jsp
네이버지도	http://map.naver.com(지도)
토지이용규제정보서비스	http://luris.moct.go.kr
온나라 부동산정보	http://www.onnara.go.kr
구글 어스 프로그램	http://www.google.com/intl/ko/earth/index.html
산지정보시스템	http://www.forestland.go.kr

이외에 각 지방자치단체에서 3차원 지리정보시스템을 구축하고 부동산 정보 서비스를 하고 있습니다. 이 중에서 지오피스만 유료이고 나머지는 전부 무료입니다.

이러한 정보를 가지고 확인을 하다 보면 상당수의 물건은 이 과정에서 걸러낼 수 있어서 발품을 파는 수고를 조금이나마 덜 수도 있습니다. 이렇게 철저하게 준비하고 가면 실제 현장에서 물건을 찾지 못한다거나 엉뚱한 물건을 찾아서 낭패를 보는 일은 없습니다.

이제 위성 확인까지 모든 작업이 마무리되어 대상 물건이 가려졌다면 이제는 현장으로 출동하는 일만 남았습니다. 이때에 현장까지 거리는 얼마나 되는지를 체크하는 것이 바로 다음, 네이버, 구글 등의 위성 서비스 지도입니다. 또한, 가는 방법도 길 찾기를 통해서 확인해 두면 좋습니다. 여기서 집과 토지 소재지 거리 등을 확인해 두기 바라며, 또한 현장답사 할 때 찾기 쉬울 만한 건물이나 도로 등의 기준점을 정하고, 그 지점에서 대상 지번까지의 거리를 측정하면 대상물건 찾기가 쉽습니다. 다만, 산지의 경우에는 산지정보시스템(http://www.forestland.go.kr)의 '산지정보조회'에서 보다 많은 정보를 확인할 수 있습니다.

또한, 요즘은 스마트폰으로 현장에서 위치 찾기를 이용하면 아주 손쉽게 찾을 수도 있고, 해당 포털에 접속하여 현장에서 모든 걸 다시 한번 확인할 수도 있습니다.

지도를 보는 방법이나 동서남북 방향을 보는 방법 등은 스마트 폰의 보급으로 이제는 구닥다리 지식이 되어버린 것 같습니다. 그렇지만, 여기서 잠깐 도면 보는 법을 알리고자 합니다. 모든 지도나 도면 들은 별도의 표시가 없다면 도북이라는 약속이 되어 있어서 위가 북쪽이고 아래가 남쪽입니다. 지역에 따라서 나침반에 의한 자북과 1~9도까지 차이가 날수는 있으나 정밀 측정이 아니고 현장 확인에서는 큰 차이가 없으니 상관하지 않아도 됩니다. 도면을 현장과 일치시켜 대조하면서 도로, 하천, 구거 등 큰 지형지물을 위주로 확인하면 쉽게 대상 물건을 찾을 수 있습니다.

지금 당장 한번 관련 사이트에 들어가서 내 집이나 내 땅에 대하여 확인하며 연습을 해보기 바랍니다.

3
가치 있는 농지 투자 물건 찾기

앞에서 부동산 물건을 찾는 방법들에 대하여 알아보았습니다.

크게 위에서부터 보는 방법과 개별 물건에서 보는 방법으로 구분했습니다. 그런데 너무 간략하게 이야기해서 좀 더 구체적으로 설명할 방법을 고민해도, 사실 글이나 말로써 설명한다는 것이 그렇게 간단하고 쉽지가 않습니다. 학문적으로 설명할 수도 없고(이미 여러분이 다 아는 것이고) 오랜 경험에서 거의 육감으로 얻은 그런 것들을 이야기하면 뜬구름 잡는 헛된 소리가 되지 않을까 우려됩니다.

부동산을 싸게 산다고 하는 것은?

농지 투자나 부동산 투자할 때 가장 많이 회자하면서도 신경을 쓰는 것이 "싸게 사서 비싸게 팔라." 하는 부동산 격언에 얽매이는 것입니다. 그러다 보니 구입가에 신경을 쓰게 되고, 싸게 구입하려고 하는데 온갖 술수를 부리는 것을 보게 됩니다. 절대적인 구입가에 얽매이는 것이 아니라 상대적으로 얼마나 싼 가격에 구입하느냐로 판단하는 것이 옳습니다. 물론, 싸게 사야 하는 것은 맞는 일입니다.

그러나 싸다는 것은 똑같은 조건의 땅을 상대적으로 싸게 사야 하는데, 정상적인 부동산시장에서는 이런 물건은 거의 찾기가 어렵습니다. 바로 그 기준이란 것이 부동산은 생물이라서 매도자나 매수자의 상황에 따라서 변하기 때문입니다. 간혹 불황기나 정세가 불안할 때, 금융위기 등과 같은 때에 일시적으로 있을 수는 있으나 흔하다고 보긴 어렵습니다. 이러하니 일반인들이 실제투자하면서 "싸게 사서 비싸게 팔라."에 매여 막상 싼 물건을 구입하려면 싼 물건이 없으니 자꾸 혼란이 오는 것입니다.

얼마면 싸다고 할 수 있을까?

제일 비싸다고 하는 명동의 상업지 땅 가격이 얼마면 싸다고 말할 수 있을까요? 실제 매매가는 ㎡당 1억 원이 넘는다고 하는데, 이곳에서 돈 장사, 옷 장사 등을 하는 분들에게는 그래도 해볼 만한 가격이 될는지 모르겠습니다. 그러나 공장이나 물류창고를 위해서는 2백만 원을 넘으면 수지타산을 맞출 수 없습니다. 한 술 더 떠서 일반작물을 재배하는 농사를 짓는 분이 산다면 1만 원, 특수작물인 경우라 하더라도 10만 원을 넘으면 수지타산을 맞출 수가 없을 것입니다. 그럼 이분들에게는 그 이하의 가격이 싼 가격이 될 것입니다. 그렇다면 과연 이 땅의 소유주는 매수자의 용도에 맞춘 가격인 10만 원이나 100만 원에 팔려고 할까요? 결국, 부동산에서 '싸다'라는 의미는 상황에 따라 바뀌는 상대적 기준일 뿐입니다.

경매 물건 찾는 방법

앞에서도 언급했지만, 투자물건을 선택하는 데는 매우 오랜 시간이 소요됩니다. 많은 사람이 좋아하고 자랑스럽게 이야기하는 경매에서 그 물건을 선정하는 것을 알아보겠습니다.

먼저 대법원 경매 사이트나 경매정보회사 사이트에서 주거용 아파트나 빌라가 되었든 농지나 임야가 되었든 간에 물건을 검색할 것입니다. 투자전문가란 분들이 경매로 낙찰을 받으려면, 우선

사이트에서 검색하면 자기가 관심 두는 지역만 검색해도 수만 건이 됩니다.

수만 건의 물건 중 자기 투자 조건에 맞는 것을 고릅니다. 아마도 연간이라면 적어도 1,000여 건은 될 것입니다. 사이트에 올라 있는 조사자료나 감정평가서 등을 가지고 추려내면 아마도 200~300여 건 정도로 압축될 것입니다. 그중에서 다시 지역 여건이나 미래가치, 개발 가능성 등 나름대로 판단에 의해 하나하나씩 추려 나갑니다. 이렇게 해서 선정된 것에서 다시 권리분석을 하고 나면, 100여 건으로 줄어들 것입니다.

이제 현장 확인에 들어가 현재가치를 판단하고, 미래가치를 직접 확인하는 심층 분석으로 들어갑니다. 그러면 최종적으로 10~30여 건 정도가 될 것입니다. 여기에서 경매에 응찰하면 내 손에 쥐어지는 것은 아마도 1~5건 정도가 고작입니다.

대부분 전문가가 추천하는 것은 권리분석까지 하고 남은 100여 건의 물건들을 다른 투자자에게 소개하는 것이 일반적입니다. 최종의 10~30여 건은 중요한 관계를 맺은 투자자들에게 소개되어 안정적으로 낙찰받을 수 있도록 합니다. 이 정도 물건이라면 훌륭합니다. 전문가가 심혈을 기울여 골라 놓은 1% 이내에 드는 좋은 물건이기 때문입니다. 일반투자자들은 보험료를 내고(수수료를 지불하고) 투자한다고 가정하면, 그 이상의 충분한 가치가 있고 높은 기대수익도 올리게 될 것입니다.

가치 있는 부동산에 투자하라

부동산에 투자할 때는 대부분이 개별 물건에만 치중하기 때문에 숲을 보지 않고 나무만 보는 우를 범하게 됩니다.

또 대부분의 세미나나 강좌에 가서 들으면 도로가 접한 토지라야 한다, 못 생긴 땅은 쓸모가 없다, 이면지는 쳐다보지도 말라 등 개별 물건에 대한 부정적인 선입견이 너무나 많습니다. 구입한 후에 바로 개발하려고 하는 경우라면 맞는 말일 수 있습니다. 그러나 투자하는 물건이나 지역 등에 따라서 반드시 그런 논리가 통하는 것은 아니며, 개발이 꼭 투자수익을 높여주는 것은 아니라는 점이 현장에서는 더 잘 통합니다.

일반 투자자가 개발한다는 것은 시골에서 상경한 사람이 즉시 서울역 앞에서 포장마차 하려는 것과 같습니다. 이러면 어떻게 됩니까? 단속이나 허가권을 행사하며 압박을 가하는 행정기관, 영업권 보호를 빌미로 돈을 요구하고 거부하면 행패 부리는 집단, 모든 문제를 해결해 주겠다고 협회를 빙자하며 잇속을 챙기는 자 등에게 시달리다가는 결국 어렵사리 장만한 포장마차도 빼앗기고 알거지가 됩니다. 일반 투자가의 개발을 이에 비유한다면 과장이라 하겠지만, 부동산 거래 현장에서 심심치 않게 발생하는 일입니다.

그럼 가치 있는 물건에 어떻게 투자하라는 것이냐? 반문하시 겠지요. 부동산에 투자할 때는 지역이 가장 중요합니다. 그러나 자기가 투자할 자금, 목적 등에 따라야 하므로, 그 투자하려는 지역이 발전가능성이 있는지, 주변에 개발계획 등이 있는지, 그 때문에 그 지역 전체에 파급 효과가 얼마나 미치고 해당 부동산에 미칠 영향은 얼마나 되는지를 고려하면 됩니다.

다음은 해당 부동산의 법률적 분석을 해야 합니다. 각종 법규와 규제사항, 토지이용계획서상의 용도지역 등과 해당 부동산의 권리나 민원 등등 개별적 개발에 따른 가치 분석을 하는 겁니다. 개별적인 개발이 가능한지, 가능하다면 어떤 용도가 가장 최유효 대상이 되는지, 개발을 했을 때 수요자는 누가 되고 얼마 정도에 매도가 가능할지 등을 판단해야 합니다.

위와 같이 해당 부동산의 개별 개발에 따른 가치를 판단해 보는 것입니다. 그런 후에는 현재의 가치를 판단해야 합니다. 각종 자료 등으로 파악하는 방법과 해당 지역에서 직접 가격조사를 하는 것입니다. 이렇게 미래가치와 투자 가격을 가지고 투자 여부를 판단하면 됩니다.

물론, 일반투자는 단순 계산으로 인하여 앞으로 남고 뒤로 밑지는 투자가 되어 수익을 못 내는 분이 많습니다. 보이지 않는 투자자금을 꼼꼼히 챙겨 보기를 그래서 다시 한 번 권합니다.

부동산 투자할 때 착각 사례

투자자 대부분이 지방의 부동산, 특히 토지에 투자할 때에 착각하는 경우가 있습니다. 앞에서 언급했듯이 좋은 위치에 좋은 부동산으로 보이는 것들로 지방의 2차선, 4차선 도로에 반듯하게 붙은 땅들입니다. 자동차 전용도로에 붙어 있는 보기 좋은 땅들을 보면 온갖 상상을 다하며, 서울이나 수도권 또는 대도시 자기주변에서 보던 눈으로 판단하게 됩니다.

"야, 대박이다. 나에게도 이제 볕 들 날이 왔구나! 저기다가 공장을 지을까? 주유소도 좋겠고 아니 물류창고가 좋겠다."

하지만, 하루에 차 몇십 대 그냥 먼지만 날리고 지나다니는 곳이라면 그 수요자가 있을까요? 지방에 땅 가진 분들이 몰라서 안 하는 줄 알고, '이런 바보들, 이렇게 좋은걸, 나 주려고 아끼고 있었구나.' 하고 덥석 물어버리지요. 그분들은 도시의 멍청한 분들이 예쁜 땅만 보고 찾아오기를 느긋이 기다리는, 땅 투자의 고수 중의 고수라는 것도 모르고….

자동차 전용도로 주변의 투자는 아주 조심해야 합니다. 진출입의 가감차선 등 확보가 어렵고 활용 용도가 별로 없습니다. 비슷한 것으로 지방의 계획관리 지역 내의 토지 투자가 대부분 계륵이 될 수 있는 물건들이 많이 있습니다. 계획관리 지역은 개발 가능하다고 알고 있지만, 실제로는 도로 여건 등으로 개발할 수 없거나 개발 가치가 없는 땅들이 많습니다.

부동산의 가치 판단 기준은 나의 판단 기준으로 보아서는 절대로 안 됩니다. 수요자, 즉 사줄 사람이나 이용할 사람을 기준으로 판단해야 합니다. 미래가치가 있다면 지금 적정가격으로 과감히 투자해야 합니다. 싸게 사서 비싸게 파는 것이 아니라, 좋은 물건을 적정가격에 주고 사서 잘 다듬고 가꾸어서, 그 땅을 필요로 하는 사람에게 적정한 가격에 인심 쓰며 매도하는 것이 진정한 부동산 투자자의 자격입니다.

4
나에게 맞는 농지 투자 물건 찾기

부동산에 투자하는 보통 사례

"가진 돈이 얼마인데 돈 되는 부동산을 추천해 달라, 1년에 두세 배가 남는 부동산에 투자하려고 한다, 비상금이나 여윳돈이 조금 있는데 빨리 크게 불리고 싶다, 친구가 부동산에 투자해서 돈 벌었는데 나도 돈을 벌고 싶다, 좋은 물건 소개해 달라." 부동산 투자 현장에서 자주 듣는 얘기들입니다. 대부분이 부동산 투자를 로또 복권 사는 것쯤으로 생각하는 것 같습니다.

우리는 시장에서 배추 한 포기 옷 한 벌을 사도 이리보고 저리보고, 만들어낸 회사나 판매점은 믿을 만한 곳인지 이렇게 물건을 먼저 꼼꼼히 살펴보고 따져보고 나서, 그다음에 가격이 얼마인지

흥정을 합니다.

그런데 부동산은 얼마가 있으니 그에 맞는 부동산을 내어 놓으라 합니다. 그것도 돈이 될 만한 물건으로 말입니다. 세상에 그렇게 좋은 물건 가지고서 찾는 즉시 '여기 있소이다' 하고 내어 놓을 수가 있을까요? 시장에서 파는 공산품이나 농산물도 그런 물건은 별로 없을 텐데 말입니다. 바로 이런 심리를 이용한 틈새시장(?)으로 기획부동산이 활개를 치는 것입니다.

목적을 분명히 하라

부동산에 투자할 때는 가장 중요한 것이 목적을 분명히 하는 것입니다. 그 나머지 문제들은 차후에 영향을 미치는 것들일 뿐입니다. 그런데 대부분 사람은 돈이 될 것이란 말에만 혹하고 목적도 없이 투자를 합니다. 어쩌면 목적이 없는 것이 아니라 돈이 되는 것이 목적이라고나 할까요?

부동산에 투자할 때는 우선 실수요와 투자로 나눌 수 있을 것입니다. 먼저 부동산을 이용하려고 투자하는 경우입니다. 직접 자기가 이용을 하거나 임대 등 다른 사람에게 이용하게 하려는 투자입니다. 요즘의 대부분 개발을 권하는 경우가 여기에 해당한다고 보면 됩니다.

또 한 가지는 발전가능성 등을 보고 투자를 하는 것입니다. 즉, 수익만을 목적으로 한 투자입니다. 소위 말하는 '시세차익'을 '위한 투자라고 보면 됩니다.

타이밍이 중요하다

투자할 때는 지금 당장, 몇 년 후, 몇십 년 후, 기회가 닿으면 등 사용 시기에 대하여 생각해 보는 것이 그다음 단계가 됩니다. 투자에 대한 목적과 이용시기가 결정되었다면 그 규모와 지역 등 부차적인 문제가 이어질 것이고, 이때 가장 중요한 것이 자금의 규모나 성격입니다. 물론 부동산에 투자하는 시기도 매우 중요합니다. 또한, 이용목적이나 시기 등이 여의치 않아서 매도하는 경우에 매도 타이밍도 매우 중요하다고 할 수 있습니다. 부동산은 매수매도 타이밍이 기가 막히게 중요하니까 말이지요.

우리는 부동산에 투자하면서 이런 이야기를 자주 듣습니다. '내가 사면 내리고, 내가 팔면 오른다'라는 말입니다. 부동산을 내가 팔고 나면 그 지역은 오르고, 내가 사서 이사를 하면 그 지역은 오르지 않는다는 의미일 것입니다. 이는 얼핏 들으면 지역을 잘못 선택한 것처럼 들리기도 하지만, 실은 그 부동산의 매수·매도 타이밍을 놓쳤거나 거꾸로 하였기 때문입니다.

부동산 투자에서 매수·매도 타이밍은 또 강조하지만, 매우 중요합니다. 단기 투자로서 개발하는 경우에는 더욱 중요한 요소라 할 수 있습니다. 시기를 잘못 맞추어서 구입한다거나, 너무 빠른 시기에 또는 너무 늦게 개발을 한다거나, 한참 더 오를 것으로 생각하고 버티다가 막판에 팔지도 못하거나 날려버리게 되는 일들이 비일비재합니다. 부동산을 구입해서 처분할 때까지는 적게는 몇 년에서 몇십 년이 걸리는 기나긴 시간과의 싸움입니다. 이 싸움에서 이기는 길은 시기별로 타이밍을 잘 잡는 것이라 할 수 있습니다.

자금을 생각하라

이제 목적과 이용시기가 결정되었다면, 그 규모와 지역 등 부차적인 문제가 이어질 것이고, 이때 가장 중요한 것이 자금의 규모나 성격입니다. 목적이 분명해졌고 투자시기가 정해졌다면, 나머지 부수적인 지역이나 대상물건 등은 다소 유연하게 정할 수 있습니다. 이때 이 유연함을 결정하는 것이 바로 자금이라고 말할 수 있습니다. 자금의 규모나 능력 또는 활용기간이나 추가적 자금조달 등에 따라서, 투자 규모나 지역 등이 달라질 수 있기 때문입니다.

자기의 능력에 벗어나는 무리한 투자는 파산을 맞는 길이고,

너무 소극적인 투자는 이윤을 극대화할 수 없으니 최유효이용이 아닙니다. 따라서 투자자금의 성격이 투자지역이나 대상물건을 결정하는 데 있어서 매우 중요하다는 것입니다.

자기가 이용하려고 할 때든, 타인에게 임대하려고 할 때든, 개발하는 경우에도 돈이 많아서 땅을 구입하고 건물을 짓고 한다면 별문제가 없습니다. 하지만 땅을 먼저 구입하고 몇 년 후에 건물을 짓는 경우에 어떻게 자금을 조달할 것인지, 이용은 누가 어떻게 하고, 그로 인한 수익은 얼마나 될 것인지 등에 따라 투자 결과는 확연히 달라질 수 있습니다.

또 내 자금으로 한다면 관계없다고 하지만, 투자에서는 내 자금도 반드시 투자수익을 계산하여야 합니다.

조건 충족이 가능한가?

최고의 수익을 내기 위해서는 목적에 따른 최유효 타이밍과 좋은 지역의 대상부동산도 중요하지만, 구입에서부터 관리 처분에 이르기까지의 투자비용 대비 수익을 가장 많이 올리는 방법을 찾아야 합니다. 그러려면 그 조건들을 충족할 수 있는지 살펴야 합니다.

예로서, 농지의 경우 재촌 자경한다면 장기 보유 공제와 일반세율, 그리고 양도세 감면혜택이 있는데, 그런 조건을 충족할 수 있는지를 잘 살펴야 한다는 것입니다. 지금 당장은 안 되지만 차후에라도 가능하다면, 그런 방법 등을 활용하여 투자수익을 극대화하는 방법도 찾아야 합니다.

그럼 농지에 15년을 두고 투자하면서, 구입할 때에는 재촌 자경할 수 없는 상황을 가정해서 30대와 50대로 나누어서 한번 살펴보고자 합니다. 50대라면 이제 정년이 얼마 남지 않았으니 정년퇴직 후에 농지 소재지로 이사해서 재촌 자경한다면 조건을 충족하는 것이 될 것입니다. 그러나 30대라면 아직은 직장에서 팔팔하게 일할 때이고, 매도시점에도 이사하여 재촌 자경 요건을 충족하기는 여러모로 어려울 것입니다. 그렇다면 이 두 사람 중 누가 투자수익이 높은가를 보겠습니다.

1억 원에 구입한 농지가 15년 후에 10억 원이 되었다고 가정을 하겠습니다. 50대는 8년 이상 재촌·자경이나 4년 이상 재촌·자경하고 대토를 한다면 내야 할 세금은 1억4천만 원 정도로 7억6천만 원 정도의 투자수익을 올릴 수 있고, 최소한 2년 이상 재촌 자경하고 매도하였다면 내야 할 세금은 2억5천만 원이고 6억5천만 원의 수익을 올릴 수 있습니다. 즉 1억 원을 투자해서 최소 6억5천만 원에서 7억6천만 원의 투자수익을 올릴 수 있습니다.

그럼 30대(직장인)는 어떨까요? 내야 할 세금은 3억 원에 달하고 투자수익은 6억 원이 될 것입니다. 어찌어찌해서 2년 이상이나 3년 이상 재촌 자경 등을 한다면 50대와 수익률은 같은 결과가 나올 수 있겠지만 쉬운 일은 아닐 겁니다. 똑같은 지역에 투자해서 한 사람은 재촌 자경을 충족하여 1억 원 투자로 6억5천만 원에서 7억6천만 원의 수익을 올릴 수 있는 반면에 또 다른 사람은 재촌 자경을 충족하지 못하므로 인하여 1억 원 투자로 6억 원의 수익밖에 얻을 수 없다는 것입니다.

똑같은 지역에, 똑같은 시기에, 똑같은 자금으로, 똑같은 부동산에 투자하여도 결과는 똑같은 돈을 버는 것이 아닙니다. 투자하려는 목적에 따라서, 시기에 따라서, 자금에 따라서, 조건 등을 충족할 수 있는지 없는지에 따라서 그 수익은 천차만별이 됩니다.

위에서 예를 들어 설명한 것과 달리, 오늘날 부동산 투자는 누구에게나 다 좋은 부동산이 있는 것처럼 말하고, 또한 그렇게 투자를 하고 있고, 그런 물건을 찾는 것이 현실입니다.

가장 좋은 투자법은 각자의 조건에 맞는 투자를 해야만 한다는 것입니다.

이것만은 꼭 기억하라

"어디에 싸고 좋은 땅 있습니다. 얼마 있으면 대박 나는 좋은 물건 있습니다."라는 권유를 듣거나, "이 물건이 좋으니 투자하세요. 마침 좋은 물건이 손님을 위해서 나와 있네요."라는 중개업자나 컨설턴트의 답변을 듣는다면, 이것은 자신의 물건을 팔려고, 아니면 자신에게 돈 되는 물건을 당신에게 떠넘기려고 하는 얘기임을 명심하십시오.

투자는 투자자가 돈을 벌려고 하는 것이지, 중개업자 등 소개한 사람이 돈을 버는 것이 아닙니다. 물론, 중개업자나 개발업자도 일정 수익을 나누는 것은 아주 공정하고 타당하지만, 앞서 말한 것처럼 다른 사람에게 바가지 씌워서 돈 버는 것은 안 됩니다.

명동의 상가(상가부지)가 누구에게나 좋은 땅이 될 수 없다는 것, 장사하는 사람은 좋을 수 있으나, 공장이나 작업장이나 농사짓는 분에겐 수익성이 없다는 말 기억하시죠? 여러분! 자신에게 맞는 부동산 투자를 하십시오. 그래야만 가장 높은 수익을 얻고 부자의 길로 갈 수 있습니다.

5
인·허가 및 민원 처리법
- 권력에 맞서지 마라

이 세상에는 권력을 가진 자들이 무수히 많습니다. 권력자라고 대통령, 국회의원, 검찰, 뭐 이런 분들만 해당하는 게 아닙니다. 권력자란 허가권자와 허가신청자를 비교하면 허가권자가 권력을 가진 자요, 물건을 납품하는 자와 납품받는 자를 본다면 물건을 납품받는 자들이요, 공사를 시키는 자와 일하는 자로 하면 시키는 자가 될 것입니다.

고용을 하는 자와 고용되는 자로 하면 고용을 하는 자가 될 것이고, 가정에서도 돈을 벌어 오는 자는 권력자요, 돈을 벌지 못하는 자는 피권력자가 될 것입니다(자식이 어릴 때는 부모가 권력자요, 자식이 돈을 벌어 올 때는 부모가 피권력자입니다). 어느 만큼의 권력을 가지느냐의 차이일 뿐 우리는 누구나 권력을 가진 자도 될 것이고, 권력에 지배를 받는 자도 됩니다.

권력자와 비권력자로 표현하니 무척이나 큰 사건을 이야기하려는 것으로 생각할 수 있습니다. 하지만 이 또한 우리들의 관심사인 부동산에 대한 이야기입니다. 그중에서도 각종 민원이나 허가 등을 잘 받으려면 어떻게 해야 하는지에 대한 이야기입니다. 대단한 비법인 양하면서 관청에서 허가를 잘 받는 방법이 인터넷이나 각종 강의에서 나도는 것 또한 사실입니다. 민원을 처리하면서 국민이 최고라고 하지만 현실에서는 허가나 단속 권한을 가진 그분들이 권력자요, 우리는 피권력자일 뿐입니다. 칼자루를 쥔 사람의 마음에 따라서 칼날 끝을 잡고 있는 우리는 좋은 회나 맛난 요리를 먹을 수도 있지만, 잘못하면 그 칼날에 상처를 입거나 죽을 수도 있습니다.

모든 허가 등 민원을 법대로 공정하게 처리하면 된다고 생각할 수 있습니다. 그러나 과연 그럴까요? 법은 만인에게 평등할까요? 법을 다루고 판단하는 자는 역시 사람입니다. 바로 그 사람은 법을 논하는 권력자들입니다. 누구나 법 앞에서 평등하다면 법을 집행할 사람이 필요 없을 것입니다. 바로 법 앞에 모두가 평등하지 않기 때문에 존재하는 것입니다. 우리나라의 인·허가 등에 관한 법을 보면 대부분이 "~할 수 있다."라는 구절로 매듭짓습니다. 뒤집어서 말하면 할 수 없다는 것입니다.

많은 사람이 법에 따라 모든 일이 똑같이 적용되고 처리되는 것으로 알지만, 실제는 그 기관의 전통이나 관행, 담당자의 자세에 따라서 천양지차로 달라지는 것이 현실입니다. 농지를 전용하여 개발하려고 할 때 흔히 말하기를, 100여 개의 법률에 400여 개의 관련법규가 연관된다고 합니다. 따라서 정당한 허가라도 담당자가 해주려고 마음먹으면 대부분은 해줄 수 있지만, 안 해주려고 마음먹으면 얼마든지 법에 따라서 막을 수도 있다는 것입니다. 그 많은 법규 중에서 어느 조항을 갖다 붙여서라도 해주지 않을 수 있습니다.

어느 누가 그런 말을 했다고 합니다. "네가 성공하도록 해줄 수는 없지만, 네가 성공하지 못하게 막을 수 있는 능력은 된다."라고 말입니다. 바로 모든 민원에서도 이처럼 생각하면 틀림없습니다. 대부분 우리 국민은 일반상식선에서 법도 공평하게 적용된다고 봅니다. 그러나 현실에선, 때로는 수긍하기 어려운 일도 많이 있습니다.

어느 지역에서 단독주택을 지으려고 합니다. 그 지역의 용도나 도로 등 모든 조건이 맞는다면 큰 문제 없이 허가가 날 수 있습니다. 그런데 도로가 없다든지 용도지역에 안 맞는다든지 하는 것을 가지고 허가 내려고 하면서 '법이 잘못되었다'고 하는 경우를 자주 봅니다. 그건 처음부터 자기의 욕심이 너무 들어가서 되지 않을 일을 벌인 본인의 탓이지, 법이나 해당 허가권자의 잘못이 아닙니다. 이는 바로 한식집에 가서 양식을 주문하고는 왜 양식을 안 주느냐고 하는 것과 같습니다. 한식집에서는 한식만을 파는 곳이니 한식을 주문해서 먹어야 합니다.

또 하나, 농지를 구입할 때는 농지취득 자격증명을 발급받아야 한다고 했습니다. 그런데 농지취득증명을 발급받지 못하는 경우를 법에서는 학교법에 의한 학생으로 제한하고 있습니다. 즉 초등학생부터 고등학생들은 안 된다는 것입니다. 그럼 그 외의 모든 국민은 가능한 것이라고 볼 수도 있습니다. 자! 그럼 7세 미만의 어린이도 가능할까요? 거동이 불능하신 환자나 장애우도 가능할까요? 물론 아주 가끔은 장애우가 농사를 짓기도 합니다. 또한, 고령으로 농사를 못 짓는 경우를 몇 살로 보아야 할까요? 제 친구 아버님은 94세이신데도 경운기도 몰고 농사를 짓고 계십니다.

농지법에서 거주지는 불문하고 있지만, 실제로는 거주지를 따집니다. 왜냐하면, 실제로 농사를 지을 수 있는지를 판단하는 것이 심사규정에 있기 때문입니다. 따라서 법 규정만으로 모든 것을 말할 수는 없습니다.

아주 가끔은 편법으로 또는 안 되는 것을 어찌어찌하여 허가를 받았다고 큰소리치는 사례를 들을 수 있습니다. 아주 잘못된 경우입니다. 어떤 경우에 힘 있는 사람을 동원해서 해결했다고 합시다. 그 같은 방법이 누구나 다 하는 방법이라고 보십니까? 그것을 정상적인 방법으로 해결한 것이라고 볼 수 있는가 말입니다.

투자지식을 쌓을 때는 법리에도 맞고 투자의 정석을 배우는 것이 옳은 방법입니다. 편법으로 어떻게 해결하려 한다면 그것은 안 될 일입니다. 그리고 그런 방법으로 모든 것을 해결하려는 것은 습관화될 수도 있고 나중에 부메랑이 되어 오히려 크게 다칠 수도 있습니다.

이제 허가나 민원을 잘 받는 방법을 얘기하겠습니다. 이런 허가 등 민원에는 법이란 것이 있고, 일정한 요건을 충족하게 되어 있습니다. 가급적 법에서 허용하는 범위 내에서 조건을 충족하는 것입니다. 다소 미비한 경우라도 그 조건에 가깝도록 요건을 충족하라는 것입니다. 물론 허가권자의 의중에 맞도록 충족하는 것도 잊지 말아야 합니다.

또 하나는 요즈음은 어느 부서든, 어느 직장이든 과거와 같은 부조리나 편법 등이 통하지 않습니다. 그렇지만, 그 부서의 전통이나 관습을 무시할 수는 없습니다. 우선 그런 유형을 잘 파악하고 분석해서 능동적으로 대처하는 것이 매우 중요 합니다. 담당자의 태도나 의중을 간파하여 원하는 방법이나 조건 등을 맞추어 주는 것입니다. 이러한 사항들을 제대로 파악하기는 물론 쉽지 않습니다.

다른 또 하나는 그 분야의 전문가를 활용하거나 관련된 업체 등을 적절히 활용하는 것입니다. 그들은 위의 노하우를 상당히 축적하고 있으며, 또한 오랜 기간 허가나 민원을 해결하는 노하우를 가지고 있습니다. 그들이 특별히 다른 방법을 써서가 아니고 바로 권력자들의 마음에 드는 안을 즉 서류를 제출하기 때문입니다.

허가나 민원을 잘 해결하려거든, 납품이나 하청 사업 등을 잘하려거든 권력자에 맞서지 마라. 그리고 누구를 통하지 말고 일단은 직접 담당자를 만나라. 그에게 해결방안이 있다. 만날 때는 알고자 하는 상황만 콕 집어 상담하라. 중언부언해서는 안 되고 필요충분조건을 정확히 알고 응하라.

6

신도시, 도로개설 등 개발계획이 발표되면 그 유사지역을 보고 판단하라

여기서는 개발계획이 발표되면 어떻게 받아들이고 투자 포인트를 잡아야 하는지에 대하여 이야기하고자 합니다.

부동산 투자에서 비법은 없습니다. 아마도 그 비법을 아는 분이라면 지금쯤 이 나라에는 살지 않고 있을 것입니다. 왜? 그 많은 돈 개발방법 등을 아니까 세계나 우주로 나갔을 것입니다. 다만 그것들을 알아보는 방법으로서는 과거의 사례를 현재와 미래에 대입해서 유추하되, 변화하는 시장이나 기술 등을 종합적으로 판단하여야 한다는 것이 조금 다를 뿐입니다.

개발계획이 발표되면 과거에는 토지 보상에 5~10년이 걸렸습니다. 지금은 3~5년 정도로 상당히 단축되었습니다. 보상가격은 어떻고, 과거에는 시세보다 현저히 낮았다고 말하지만, 즉 발표 당시 정도의 보상가격이라 말할 수 있습니다. 지금은 거의 시세에 달합니다. 다만 주변은 오르고 그 지역은 오르지 않아서 상대적으로 낮게 보상된다는 그런 생각을 들게 할 뿐입니다.

부동산 투자에 처음 접하게 될 때 특히나 토지 등에서는 고급정보가 매우 중요하다고 이야기합니다. 그러나 고급정보는 과거의 이야기라고, 아니 가진 자들에게는 유용한 정보가 될 수 있으나 일반 투자자에게는 별로 도움이 되지 않는다고 말하고 싶습니다. 물론 정확한 고급정보가 있다면 그야말로 땅 짚고 헤엄치기가 될 것입니다. 그러나 여기에도 항상 맹점이 있다는 걸 알아야 합니다. 우선 고급정보는 신뢰성이나 확실성이 매우 낮습니다. 그리고 매우 오랜 기간의 투자를 요합니다. 그리고 실행하는 데 있어서 변경이나 공사지연 등 몇 번의 요동을 치고 살아 움직입니다. 설사 그러한 정보를 얻었다 하더라도 정말 재력 있고 견딜 수 있는 끈기를 가진 투자자가 아닌 대부분의 일반인은 그 과실을 딸 때까지 기다리지를 못합니다. 그래서 일반인들은 고급정보에 목말라 할 필요가 없습니다.

그저 일반적으로 발표되는 개발 정보를 가지고도 남보다 조금 빨리 판단하고 앞선 투자를 하면 됩니다. 즉 일반적으로 발표가 나는 개발지역에만 투자해도 충분합니다. 그렇다면 개발지역이 발표된 곳에 해야 하느냐? 반드시 그렇지만은 않습니다. 그럼 그 개발지역이 어떻게 될 것인가를 어떻게 판단해야 할까요?

바로 도로나 택지개발 등 계획이 발표되면, 현재 그와 같이 개설된 도로나 도시 중에서 가장 유사한 지역을 답사해보라는 것입니다. 물론 도면을 가지고 대조해보는 방법이라든가 전체적인 도시발전계획 등에 대한 검토를 바탕으로 말입니다. 또 과거보다는 굉장히 업그레이드된 계획이니 짧은 머리로라도 그것까지 집어넣어서 그려보아야 할 것입니다.

그럼 그 도로나 도시가 그려졌고 이리 갈 것이라고 판단이 되면 그곳에 들어가 살 것인지 주변으로 갈 것인지 등 투자 방법도 찾아야 할 것입니다. 도로라면 도로의 인터체인지에서 도심까지 이어지는 주변의 변화 등을 예측하고 아마도 그 주변 어디에 투자처를 정하는 것이 좋을 것입니다.

신도시라면 그 안에 투자하는 방법도 그려야겠지만, 현재의 다른 도시들과 연결되는 그런 도시에 투자하거나 연결되는 지점에 투자하는 것도 고려해 보아야 할 것입니다.

그런데 이때도 선후가 있다. 분명히 몇 년 후 몇십 년 후는 좋아질 것이라고 볼 수 있지만, 지금 투자하는 것이 나은지 다른 곳에 했다가 옮겨 타는 것이 나은지를 보아야 할 것입니다.

이걸 여러분이 혼자 다 한다고요? 어림도 없습니다. 그래서 전문가의 도움이 필요하고 또 인적네트워크인 모임이나 배움이 필요한 것이 아닐까요? 우리는 그냥 아, 이 정도로 하면 되는구나 하는 능력과 전문가들의 이야기를 듣고 판단할 정도면 됩니다. 그 지역 그 지역 모든 정보를 다 꿰차고 있는 전문가는 없습니다. 그 지역에서 선두로 하는 그 지역 전문가가 최고다 라고 말할 수밖에는….

7
노후 건강원 개원을 위한 부동산 투자 상담 사례

출근하여 일정을 정리하는 중에 전화벨이 울렸습니다. 찾아뵙고 자문을 구하고자 한다는 전화였습니다. 오후에는 현장 답사 계획이 있어서 오전에는 가능하다 하며 위치를 알려 주었습니다.

상담의 요지는 다음과 같았습니다. 현재 4,000만 원의 여유자금이 있고, 3~5년 후에 건강원을 개원하여 수입을 올리고 싶은데 현재 이를 위한 투자처를 찾고 있다는 것이었습니다.

그동안 몇 군데 투자처를 찾아보았고 망설이고 있다는 것이었습니다. 우선 현재 부동산시장의 현황과 전망에 대한 전반적인 이야기와 노후생활 등에 대해 이야기를 했습니다.

본격적으로 투자처에 대한 자문은 다음과 같이 했습니다. 우선 현재 보아두신 부동산에 대하여는 접어두시고 앞으로 여유를 갖고 준비를 하였으면 합니다.

1차적으로는, 수도권의 1시간, 적어도 2시간 이내의 위치에 있는 야산을 경·공매로 구입하는 것이 좋겠습니다. 4,000만 원이라면 적어도 6600~10,000㎡에서 30,000㎡까지도 구입이 가능합니다. 가급적이면 도로가 접한 곳이 좋으나, 도로가 접하지 못한다면 도로개설이 가능한 곳을 택하면 더욱 좋겠습니다. 그런 후에는 3년 정도는 묵혀두고 지내다가 매도를 하거나 건강원에 필요한 재료를 재배하는 방법 중 한 가지를 택하여 이 땅을 활용하면 좋은 방법이라고 생각한다며 권했습니다.

여기서 요즈음 핵폭탄이 떨어진다는 소리가 나오는 세금 문제가 나옵니다. 그러나 세금은 우선 걱정할 일이 아니라고 봅니다. 어째서? 이건 세테크라는 공공연한 비밀을 가지고 해결하면 어느 정도 해결이 될 것이기 때문입니다. 또한, 부동산 투자를 하면서 세금을 무서워하거나 안 내려고 한다면 투자자의 자격이 없습니다. 나도 벌고, 나라도 벌어먹으며 공생을 해야 합니다.

2차적인 방법으로는, 수도권 농지를 구입하는 방법입니다. 이 또한 경·공매를 통해 구입하라는 것입니다. 왜? 대부분 허가지역 이거나 싸게 구입을 할 수 있으니 말입니다.

가급적이면 도로가 접한 곳으로 하고, 경부선 축과 서해안선 축 안에 드는 곳으로 추천하였습니다. 향후 이곳은 개발이 많은 곳 으로 보상금 등의 수요가 지속해서 일어나는 곳이기 때문입니다. 매도시기 등은 앞에서 말씀드린 바와 같습니다.

3차적인 방법으로는, 건강원 개원자금을 반드시 마련해야 한 다면 뉴타운 지역이나 재개발· 재건축 재료가 있는 곳에 투자하라 고 권했습니다. 그러나 다주택 범위 등에 대한 대비를 하여야 할 것이라는 말도 잊지 않았습니다. 따라서 단기 수익을 염두에 둔 투 자로서는 바람직하다고 말입니다.

우리 보통사람들이 생각하는 투자법에 함정이 있습니다. 반드 시 개원자금을 현재 보유하고 있는 돈을 투자하여 마련하려는 경 향이 있습니다. 현재 여유자금을 투자하고 필요하면 매도하여 개 원자금으로 하고, 아니면 재료를 재배하거나, 아니면 그곳으로 이 주하여 개원하는 방법도 있답니다.

개원비용은 3~5년이라면 저축 등으로 어느 정도 종잣돈을 마련할 수 있고, 그 투자 부동산에서 융자를 받아서도 얼마든지 할 수 있다는 것입니다.

반드시 제가 권하는 사항이 옳다는 것은 아닙니다. 이러한 길도 있다는 것입니다.

8
부자들의 과거 투자이야기로 투자법을 익히자

오늘은 부자들이 과거에 수용지역에 투자하던 이야기를 하고 자 합니다. 지금은 보상금 지급이나 세금이 바뀌어서 사용할 수 없 는 사례이기에 소개하고자 합니다.

여기서는 그런 투자를 하던 방법을 처음으로 알게 해준 분의 이야기를 하지만, 실제로 부동산중개를 하면서 만났던 많은 사람 들 중에서, 또 부자들 사이에서는 이러한 투자는 보편적으로 이루 어지고 있었습니다.

양도세가 공시지가나 기준시가로 부과되던 2006년 이전에 개 발예정지역에 부자분들이 투자하던 사례라는 것을 다시 한 번 강조합니다. 즉, 지금은 이렇게 투자해서는 안 된다는 것입니다. 새로운 시대, 새로운 법에는 그에 맞는 투자법이 따로 있습니다. 과거의 비법이 현재의 비법이 될 수는 없습니다. 그런데도 많은 사람들은 그 비법을 알고 실천하려고 합니다. 그러나 그건 그때 그 시절 그 사람에게 맞는 비법이었을 뿐입니다. 로또 복권으로 매주 1등 대박이 나오고 있습니다. 그 1등 복권을 산 곳에 그 시간대에 가서 사도 다시 1등이 되지 않는 것과 같은 이치입니다. 절대로 과거의 비법을 그대로 따라 해서는 안 됩니다. 다만, 그 방법 등을 활용하고 발전시켜 실천한다면 가능성은 있습니다.

때는 1988년도 어느 날이었습니다. 당시에 나는 구청에서 농지 업무를 보고 있을 때였습니다. 사무실로 농지취득 자격증명을 들고 한 분이 찾아오셨습니다. 구입자는 30대 중반의 자녀 이름이었습니다. 그 지역은 지금의 중동신도시 지역 내의 농지였습니다.

그곳은 바로 수용이 될 터인데 농사를 짓겠다고 구입하시는 것은 법상으로는 가능하지만, 수용될 때에는 보상가가 구입가에도 미치지 않을 수도 있고, 농사를 오래 짓지 못하게 되므로 여러모로 손해를 보실 수도 있으니, 다른 곳의 농사를 지을 수 있는 곳을 알아보시라고 했습니다. 그러나 내 자식과 같이 농사를 지으시겠다고 하시면서 증명을 발급해 달라는 것입니다. 어쨌든 몇 번의 만류에도 농사를 짓고자 한다고 하니 법상으로는 하자가 없어 증명을 발급하게 되었습니다.

그 일을 잊고 지내던 어느 날이었습니다. 그분이 또 찾아오셨습니다. 저는 또 무엇이 잘못되었나 했습니다. 이번에는 부인 명의로 증명원을 발급 신청하시는 것이었습니다. 나는 나름대로 김포 아니면 오정동 지역에 농지를 구입해서 농사를 지으시기를 다시 한번 간곡히 권했습니다. 그러나 역시 증명원 발급을 원하시므로 증명을 발급해 드릴 수밖에 없었습니다. 그러기를 몇 차례, 그때 구입한 면적이 10,000㎡에 평당 구입가는 30~40만 원대였던 것으로 기억하며, 당시 농지의 보상금이 40만 원 선으로 나온 것으로 압니다. 그렇다면 이분은 등기비용 등을 계산하면 손해를 본 투자를 한 것입니다.

토지보상이 나오기 시작한 후 바로 찾아오셨더라고요. 농취증 확인을 위해서였습니다. 당시에 다른 지역에 농지를 구입할 경우 그 지역에 거주하지 않더라도 수용확인서에 농림부 장관의 승인서를 가지고 농지를 사들일 수 있었습니다. 본인과 부인, 자녀들

명의로 하여 농림부 장관의 승인서를 발급받아서 김포에 농지를 구입하였던 것으로 기억합니다.

그리고 얼마가 지나서의 일입니다. 하루는 퇴근 시간이 다 되어서 그분이 찾아오셨습니다. 그동안 여러 가지로 고마웠노라고 하면서 저녁이나 사겠다는 것입니다. 처음에는 완곡히 사양하였으나, 그렇게까지 민원인을 생각하는 그런 사람에게 자기가 그냥 지나치는 것은 잘못된 행동이라며 부동산과 세금에 대하여 한 수를 가르쳐 주겠다고 하시며, 얻어먹기 뭣하면 나보고 저녁을 사라는 것입니다.

저녁을 먹으며 그분에게 배운 이야기는 내가 부동산을 바라보는 눈을 뜨게 해준 큰 가르침이 되었습니다. 물론, 당시에는 그럴 수도 있겠구나 하는 그런 생각뿐이었습니다. 그러나 주변에 많은 분에게 도움을 주었던 것 또한 주지의 사실입니다. 비록 나는 그 투자방법을 사용하지 못하였지만 말입니다.

그분이 수용지역에 투자하는 방법은 이러했습니다. 수용 직전에 수용지역에 토지든, 건물이든 부동산을 구입하는 것입니다. 물론, 이시기에는 거의 꼭지라 할 수 있습니다. 그러나 그 높은 증여세나 양도세를 피할 수 있다는 것이지요.

자! 위의 사례를 예로 들겠습니다. 당시 수용지역의 농지를 구입할 때 기준시가는 시세의 1/4 수준으로 보고, 40만 원대에 농지를 부인이나 자녀 명의로 구입합니다. 물론, 이 과정에서 기준시가는 10만 원이겠지요. 등기비용은 10만 원에 대한 5% 정도였을 겁니다. 그렇다면 5%는 손해를 보았네요. 그러나 이는 상가부지 6평을 받아서 프리미엄 받았으니 쌤쌤이구요. 그리고 보상금을 40만 원 받았습니다.

그럼 투자가 무엇이냐? 이미 눈치 빠른 분들은 앞에서 이야기할 때 아셨을 겁니다만 같이 한번 계산해 보자고요.

3,300㎡을 40만 원에 구입하고 공시지가 10만 원이라고 하면 구입가는 4억 원이었습니다. 그런데 보상금을 4억 원 받았습니다. 그럼 양도세는 없을 겁니다. 또 있어 보았자, 그동안 기준시가 오른 것이니 그리 대수가 아닙니다. 여기에다 대토를 하였으니 남았다 해도 양도세는 감면받아서 없습니다.

그런데 서류상에 나타난 구입가는 기준시가로 했으니 1억 원이었을 겁니다. 그럼 3억 원이 어떻게 되었나요? 슬그머니 증여가 되어버렸습니다. 증여세 한 푼 안 내고 말입니다.

아직도 이해가 안 되는 분 있으세요? 실제는 4억 원에 구입했으나 이때는 기준시가 1억 원으로 구입가가 되고, 증여세 신고도 대부분 하지 않지만, 한다 하여도 1억 원만 하면 되는데 보상금 4억 원을 받았으니, 4억 원이라는 돈이 은근슬쩍 부인이나 자녀에게 넘어갔다 이 말입니다. 바로 4억 원에 대한 증여세로 대략 6천 만 원을 절약할 수 있었다는 것입니다. 거기에다 합법적으로 다른 토지를 구입할 수 있도록 혜택도 부여받았습니다. 물론, 대토 시에는 양도세가 없어서 차익이 있다 해도 문제 될 게 없었을 겁니다. 취득세나 등록세도 감면되어서 추가 비용은 거의 안 들어갔습니다.

정말로 부자들이 가지고 있는 능력은 대단합니다. 지금도 그들은 여러 가지 궁리를 하고 있습니다. 부자들을 부러워만 하거나 시기하거나 질투하지 마시고, 그들이 가지고 있는 부자 마인드나 노하우 등을 따라 할 생각을 합시다. 돈은 인간이 살아가면서 없어서는 안 되는 존재입니다. 그러나 돈의 노예가 되어서는 안 되겠지요. 그렇다고 돈을 터부시해서도 안 되겠지요. 돈으로부터 자유로워지는 그런 삶을 위해서 돈을 지배하면서 살아가는 그런 삶을 살아야 하겠습니다. 우리 다 같이 부자 되는 그날까지 좋은 것은 배우고 따라 실천합시다.

9
농지 임대차에 따른 대응법

농지 임대차 시 주의사항

농지 등 토지의 임대차에서 많은 분이 쉽게 생각하고 임대 주었다가 나중에 크게 '뒤통수' 맞는 사례를 이야기하고자 합니다. 농지를 임대차하는 경우에는 별다른 생각 없이 그냥 처리하게 됩니다. 그러나 이때는 반드시 지상권이 될 만한 시설물을 설치하지 않는 조건으로 해야 합니다. 설사 그렇게 약정을 했더라도 시설물이 설치되는 경우에는 매우 어려움을 겪게 됩니다. 법적으로는 임대인의 승낙 없이 한 것이므로 위법하여 철거 및 원상복구 의무가 있습니다. 하지만, 이는 명도소송은 물론 명도 소송 후에도 제대로 이행되기 어렵고, 약자인 임차인 보호 차원에서 일정액을 지불하도록 하는 경우가 다반사로 발생합니다.

일반적으로 비닐하우스를 하는 경우를 예로 들어 보겠습니다. 일반적인 농사를 짓는 경우에는 3.3㎡당 1,000원 정도의 임차료를 받습니다. 그러나 비닐하우스면 3.3㎡당 2,000~3,000원을 받습니다. 옆집보다 더 받고 주었다고 엄청나게 좋아하지요. 그런데 몇 년 후 내가 팔려고 내어 놓았더니 임차인이 못나겠다고 합니다. 즉, 하우스 등의 시설은 임차인의 소유이므로 지상권을 요구하는 것입니다. 그래서 시설비의 보상비나 철거비용으로 그동안 받았던 임차료의 2~5배를 지급해도 해결되지 않는 경우를 너무나 많이 보았습니다.

그럼 해결하는 방법이 어떤 게 있을까요? 이미 엎질러져서 그렇게 하는 경우에는 그 농지를 구입하여 임대하려는 매수자를 찾으면 간단히 해결할 수 있습니다. 즉, 임대차를 승계하게 하는 것이지요.

다음은 임대차하려고 할 때에는 어떻게 하는 것이 좋은 방법일까요? 농지를 빌려 주려는데 하우스 등을 짓겠다고 하든지 농막을 짓겠다고 하면 직접 하우스나 농막 등을 지어 주세요. 또는 그 시설 자재를 대주고 인건비를 주고 임차인이 시설물을 짓도록 하는 방법도 있습니다. 그러면 그 시설은 주인인 내 소유이니까 임차인이 권리 주장을 할 수 없게 됩니다. 그래도 나갈 때는 '깽판' 치는 사람이 있으니 조심하시고요.

그러면 요즈음 흔히 하는 정원수나 과수원은 어떨까요? 이것 또한 지상권이 성립되어 골치가 아프기는 마찬가지입니다. 한마디로 내 땅을 줄 때는 다른 용도로 사용하지 않을 사람을 주거나, 아니면 그 용도에 맞는 시설을 설치해서 주거나 그 묘목 등을 식재해서 주면 됩니다.

농지임대차로 애먹은 사례

어느 날 한 분이 와서는 한탄을 하고 갔습니다. 3년 전에 똑같은 조건에서 친구는 1년에 쌀 3가마를 임대료로 받는데, 자신은 120만 원을 받게 되어 자랑하며 임대했답니다. 그런데 지금 팔려고 하니 비닐하우스 철거비용으로 3,000만 원을 달라고 한답니다. 3년 동안 360만 원 받았는데 3,000만 원이면 …. 이미 매도계약은 했고, 좋은 방법이 없는지 문의했습니다. 제가 중개한 물건이 아니므로 매수자에게 그대로 임대차를 해주는 방법을 알아보라고 했습니다. 그러나 매수자는 이미 이런 사례를 잘 알고 있더라는 것입니다. 따라서 비닐하우스 자체를 싹 철거해 달라고 한답니다. 이제 남은 방법은 철거비용의 타협밖에는 없겠지요.

여기서 그에게 제가 제안했던 해결 방법을 소개합니다.

임차인에게는 "임대인이 명도소송을 하는 경우에는 불리합니다. 그때 임대차계약서에 시설물 설치 시에는 원상복구하는 조건이었으므로 철거는 물론 원상복구하여 반환하여야 할 의무가 있고 철거비용도 많이 들어갑니다. 또한, 이로 인해서 매매계약이 해약되어 위약금을 물어 주게 되는 경우에는 그에 대한 손해배상 청구 소송이 이어지면 손실이 커집니다. 따라서 적당히 타협해야 합니다."하며 조언했습니다.

또한, 매도인에게는 "임차인이 안 나가고 있으면 매매계약이 해약되고 매수자에게 위약금을 물어주게 될 것이며, 임차인에게 명도소송과 손해배상을 요구하더라도 장기간 소요되고 금액도 제대로 받을지 의문입니다. 그러니 적당한 선에서 타협해야 합니다."

그리고 매수인에게는 "어차피 그 시설물이 있으면 임대료를 더 받을 수 있으니 꼭 철거해야 할 이유는 없습니다. 시설비에 대하여는 철거하지 말고 적당히 조금 더 주고 매수하는 것이 좋습니다."하고 설명했습니다.

결국은 매도인이 1,000만 원, 매수인이 1,000만 원씩 부담하여 임차인에게 2,000만 원 주고 해결했습니다. 임차인이 3,000만 원 요구한 것에서 매도인은 1,000만 원만 주었으니 2,000만 원 벌었고, 매수인은 2,000만 원 들어가는 비닐하우스를 1,000만 원에 산 것이 되었으며, 임차인은 원상복구하지 않고 2,000만 원을 챙겼으니, 매도인, 매수인, 임차인 모두에게 이익이 가는 방법이었다고 봅니다.

모든 일에는 해결 방법이 있습니다. 꼭 법으로 해결해야만 하는 것은 아닙니다. 또한, 법이 모든 것을 해결해 주는 것도 아닙니다. 법이란 그나마 마지막으로 해결책을 찾는 최후의 수단 중 하나일 뿐이라고 저는 알고 있습니다. 제일 좋은 방법은 서로에게 손해가 가장 적고 이익이 가도록 타협하는 것이라고 봅니다. 어느 한 쪽이 일방적인 손해를 입어서도 안 되고 서로 다소 손해를 보는 듯이, 어느 한 쪽이 이익을 독차지해서도 안 되고 서로 다소 이익을 나누어 가지는 듯이, 손해도 이익도 나누어서 부담한다는 생각으로 타협하는 것이 가장 좋은 방법이라고 봅니다.

10
도로나 개발지역 자투리땅에 투자하는 어느 고수의 투자이야기

부동산 투자에는 정답도 없고, 정도도 없다고 말했습니다. 부동산의 종류나 투자자를 곱하고 나눈 숫자보다도 더 많은 오만가지 방법들이 다 동원되는 것으로 보입니다. 오늘은 부동산 투자 사례 중에서 하나를 소개해 보고자 합니다. 토지 중개나 투자를 전문으로 하는 분들이라면 가끔 듣고 접하는 이야기입니다.

바로 자투리땅만을 찾아서 투자하는 것입니다. 또는 도시의 낙후된 지역으로 재개발될 지역의 도로만을 찾아서 투자하는 분들이 있습니다. 소위 특화된 특정분야의 투자를 하시는 분들이라 할 수 있습니다.

우선 자투리땅에 투자하는 방법을 알아보도록 하겠습니다.

장 노인이란 분은 50여 년 전부터 꾸준히 자투리땅만을 찾아서 투자하는 분입니다. 도로가 개설되면서 생기는 자투리땅을 찾아서 투자하는 것입니다.

누구나 도로가 개설되고 토지보상이 나가는 것은 알 수 있습니다. 그러면 그 자투리 소유자는 대부분 매수청구를 하려고 하는 겁니다. 바로 이러한 땅을 찾아서 투자를 하는 것입니다.

물론, 지금은 고시 등 정보도 공개되고 누구나 마음만 먹으면 찾을 수 있지만, 과거에는 공고문을 보고 관청을 찾아서 파악을 해야 할 정도로 어려웠고, 또 특급 투자자나 조금 미쳐 보이는 분들이 투자하던 영역이었다고 합니다.

토지를 가지고 있어도 그렇고 팔자니 제값도 못 받겠고 하니 쳐다보기도 싫어서 수용되는 가격으로 사달라고 매수를 청구하는 것입니다. 지금은 대부분 시세에 보상들이 이루어지고 있지만 말입니다(수용을 당하여 보상받는 분들은 모두 부족하게 느끼는 것이 사실이지만…).

과거에는 시세보다 못한 가격에 수용이 이루어지는 것이 많았다고 합니다. 또 시세만큼 받는다고 해도 주변지역이 오르는 바람에 실제 보상시기에는 상대적으로 주변시세보다 싼 것이 지금도 엄연한 사실이기도 합니다.

여기까지 글을 보신 분들이 지금 무릎을 탁 치고 계실 겁니다. 당장 도로개설 공고문을 찾아보고 어디에다 투자할까 하고 말입니다. 그럼 모든 도로나 개발지역의 잔여지 자투리땅에 투자하면 가능할까요? 그러길 한 백 년 기다리다 보면 좋아질지는 모르겠지요. 물론, 언젠가는 보답을 해줄지도 모르겠습니다. 이런 자투리땅 투자는 아무 곳에다 하는 것이 아닙니다. 가장 흔히 하고 잘 쓰는 공개된 방법이 바로 도시지역이나 개발 가능지역에서 생기는 자투리땅이라야 합니다. 그럼 이곳을 제외한 다른 곳은 모두 아니냐? 또한, 그렇지 않다는 것입니다. 코너에 남는 땅이나 도로에 길게 붙어 남는 땅 또는 도로에 작게 붙은 것이지만 이 땅을 지나지 않고는 도로에 접할 수 없는 뒤에 큰 개발 가능한 땅이 있는 자투리땅, 바로 이런 것들은 지역을 망라하고 좋은 것이 될 것입니다.

이러한 자투리땅을 도시의 가각지 조그마한 땅에 투자해서 기사화된 적도 있었습니다. 그럼 모든 가각지 땅이 좋을까요? 내가 도면을 그릴 줄 몰라서 여기에 그리지는 못하지만, 도로가 교차하는 가각지에 얼마 안 되는 자투리땅이라면 뒤에 있는 필지에서 반드시 필요하지 않아 구입하지 않게 되면 운이 좋아야 가로공원용지로 수용을 받을 수 있습니다(개발도 안 되고 팔리지도 않으면 해당 지자체에 가로공원부지로 수용을 요구하는 방법도 있음)

또 다른 이야기 하려고 해도 투자자들에게 몰매 맞을 것 같아서 요 정도만 소개하렵니다.

이래서 이것이 정답인가 하면 아니고, 저것이 바른 투자 인가 하면 또 아니고, 초보 투자자는 남이 한 것을 듣고 따라 하긴 하는데, 전체를 보지 않고 어느 부분만 듣거나 보고 하기 때문에 실패를 하게 됩니다.

그래서,

"부동산 투자에서는 정답도 없고 정도도 없다."라고 말하고 싶습니다.

부동산 투자로 성공하고 싶다면 부동산정보를 얻으려고 하지 말고 좋은 사람을 많이 만나십시오. 그리고 그들의 살아온 이야기와 살아가는 이야기를 많이 들어 보십시오. 부동산 소식이나 정보를 항상 가까이하려는 꾸준한 관심과 노력을 아끼지 마십시오. 그리고 기회가 온다면 실천을 하십시오. 아무리 꽃 나무를 잘 키워도 꽃을 피우고 열매를 맺지 못한다면 아무 소용이 없습니다.

11
부동산 투자의 '대박' 용도변경

농지를 구입하고 전문가가 아니라면 가급적 화장만 하고 개발을 하지 말라고 해놓고는 갑자기 용도변경을 하면 대박이 터진다니 무얼 의미하는지 의아할 수도 있습니다. 물론 용도변경을 하면 대박을 낼 수도 있습니다. 그러나 이는 전문가들의 영역이고, 일반인은 별로 대박이 나지는 않지만, 그래도 매도할 때나 주변에 개발압력이 있을 때는 용도변경을 검토해야 할 사안이므로, 토지 투자에서는 반드시 알아두어야 합니다.

형질변경 알아보기

부동산은 움직이지 않는 형상 그대로의 모습으로 보이는 땅이라 할 수 있습니다. 그러나 부동산이 변하고 지목이 바뀌게 되면 그 가치가 달라집니다.

그래서 부동산이 아니 땅이 변하는 것을 여러 가지 방법으로 규제하고 통제합니다. 땅에 건축물을 짓는 것은 물론이고, 하물며 깎아내거나 돋우는 일도 허가대상입니다. 이처럼 땅에다 변화를 주는 작은 일 하나까지도 허가를 받도록 규제하고 있습니다. 바로 부동산, 즉 땅의 용도를 조금이라도 바꾸면 땅값이 변하기 때문입니다. 자연 상태인 산이나 농지를 개발하여 건물을 지으면 그 가치는 더 오르게 되어 있습니다.

[개발 행위의 종류와 허가대상]

구 분	도 시 지 역	비 도 시 지 역
건축물의 건축	모든 건축물	연면적 200㎡ 또는 3층 이상
공작물의 설치	50톤, 50㎥, 25㎡ 초과	150톤, 150㎥, 75㎡ 초과
형질변경	50cm를 초과하는 성토, 절토	660㎡ 초과의 토지에서 50cm 초과하는 성토, 절토
토석채취	25㎡, 50㎥ 초과	250㎡, 500㎥ 초과
토지분할	최소 대지면적 이하로 분할등 (주거지역 60㎡, 상업, 공업지역 150㎡, 녹지지역 200㎡)	개발행위 허가(2006년 3월부터 일부제한)
물건적치	50톤, 50㎥, 25㎡ 초과	500톤, 500㎥, 250㎡ 초과

위와 같은 부동산의 개발행위는 곧 부동산의 가치 상승을 가져온다고 했습니다. 그러나 부동산에 변화를 주거나 변경하는 행위는 이것만이 아닙니다. 지목변경, 형질변경, 설계변경이나 건축물의 용도변경 등도 있습니다. 그래서 많은 사람이 개발될 지역을 찾아 투자하거나, 아니면 자신이 개발할 수 있는 땅에다 투자하려고 하는 것입니다.

부동산을 구입하거나 투자할 때는 이러한 점을 염두에 두어야 할 것입니다. 물론, 농사를 짓거나 목장을 하기 위한 투자에서는 그 영향이 미미할 수도 있습니다. 그러나 대부분의 투자에서는 제1순위로 고려하여야 할 대상입니다.

부동산에 투자하려고 땅을 구입할 때는 개별적인 요인이 아닌 전체적인 흐름에 따르는, 즉 어떠한 지역이 전체적으로 신도시나 재개발 등으로 인한 용도변경이 이루어질지 파악하고 그 지역에 투자하는 방법이 있습니다.

또 하나의 방법은 개별적인 용도변경을 위해서나 그렇게 이용하기 위하여 투자할 수도 있습니다. 우리가 흔히 하는 투자 방법이겠지요. 바로 관리지역에 도로가 접하고 공장이나 가든이나 주유소 등으로 개발 가능한 사업용 투자대상, 혹은 전원주택, 농가

주택이나 창고 등 실수요나 임대용 개발 가능한 땅에다 하는 투자입니다.

[부동산을 변경하는 행위들]

구 분	변 경 내 용	변 경 요 건
지목변경	공부상의 지목을 다른 지목으로 바꿈	건축허가, 개발행위허가, 땅이나 건축물의 용도가 변경된 경우
용도지역 변경	땅의 용도지역이 바뀜 (관계법에 의하여 용도지역이 변경 지정되는 경우)	− 국토계획법에 의한 변경 − 도시관리계획의 변경
형질변경	절토, 성토 등으로 땅 모양을 바꿈(개발행위, 전용 등)	− 개발행위 허가
건축물 용도변경	건축물의 용도가 바뀜 (단독주택이 근린생활 시설로)	− 용도변경 허가, 신고
변경 허가	허가받은 내용을 바꿈 (용도나 허가자 변경)	− 변경 허가
설계변경	당초 허가설계를 변경	− 설계변경 허가

부동산 투자는 자금의 성격과 투자자의 성향에 따라 달라진다고 했습니다. 부동산 투자에서 정답은 없습니다. 부동산에서 김 사장이 투자이익을 냈다고 김 여사도 내는 것은 아닙니다. 윤 사장

이 실패했다고 윤 여사도 실패하는 것은 아닙니다. 바로 투자자금의 성격이나 투자자의 성향이나 조건에 맞아야만 투자에서 성공할 수 있습니다. 부동산의 투자에서 분야별로 전문가는 따로 있습니다. 투자의 성격에 맞는 전문가의 의견을 받는 것이 가장 좋습니다. 물론 투자자도 기본적인 부동산 지식을 가지고 있어야 하겠지요. 진정한 투자자는 전문가를 능가하는 실력을 갖추고 있습니다. 지금은 호환 마마보다도, IMF보다도, 국제금융위기보다도 더 어려운 처지에 처해 있습니다. 이럴 때 넋 놓고 있을 것이 아니라 부동산에 대한, 재테크에 대한 공부라도 합시다. 내일의 투자를 위해서, 지금의 난국을 잊고 살아가기 위해서라도.

내 땅의 가치를 높이는 농지 투자

농지의 가치를 높이는 방법에는 여러 가지가 있을 수 있습니다. 또한, 땅의 가치를 떨어트리는 요인에도 여러 가지가 있을 수 있습니다. 그럼 이렇게 가치를 떨어트리는 요인을 해결한다면 가치는 올라가겠지요.

그럼 땅의 가치를 떨어트리는 요인은 어떠한 것이 있을까요? 땅의 형상에 의한 흠결이 있을 수 있습니다. 폭이 좁다든지, 길쭉하다든지, 삼각형, 자루형 등 땅의 형상(이용)에 대한 흠입니다. 또

도로에 접하지 않았거나 접한 면이 좁다든지, 아니면 맹지라든지 등 땅의 땅의 접근성에 대한 흠이 있습니다. 지상권이나 지역권 또는 분묘기지권이나 법정지상권, 건축허가 등 행위허가를 받을 수 없는 권리관계의 흠결이 있을 수도 있습니다. 법률상의 저촉지역은 그렇다 치고 연결도로 등 이 외에도 가치를 떨어뜨리는 것은 수없이 많습니다.

땅 투자에서 가장 좋은 투자 대상이 되는 물건들이란 바로 이러한 흠결을 해결하여 가치를 높이는 것입니다. 토지의 형상에 흠결이 있다면 그 형상을 화장하는 것이고, 권리관계 등의 법률적 문제는 법적으로 풀어나가면 될 것이고, 진입도로 등이 흠결이 있다면 진입도로를 확보하면 되는 것입니다. 이렇게 땅을 가공하거나 형질 변경을 하면 부가가치가 발생하게 됩니다. 바로 이것이 땅 투자의 매력입니다.

이제부터 하나씩 살펴보기로 하겠습니다.

토지의 합병, 분할

못생긴 땅을 이웃한 땅과 합치거나 보기 좋게, 쓸모 있게 분할하는 방법입니다. 또는 도로에 접하는 면적을 좋게 하려고 맹지와 합쳐서 분할하거나, 위와 같이 연접한 토지와 합병 분할하는 방법입니다. 공유지인 토지는 공유지 분할을 합니다. 물론 공유지 분할이 반드시 가치를 올리지는 않습니다. 그러나 대부분은 공유지인 경우 활용 등에 제한을 받아서 가치가 낮은 것이 사실입니다. 협의분할을 잘만 한다면 그만큼 가치가 상승하는 것입니다.

법률적인 제한의 근저당권이나 지상권, 지역권 해소

근저당권이야 대부분 구입 시에 승계하든 말소하든 처리하며 지상권도 대부분은 구입 시에 정리됩니다. 그래도 말소나 정리되지 않은 것이 있다면 모두 정리하여야 합니다. 분묘기지권이 없는 다른 사람의 분묘나 무연고 분묘는 절차를 밟아서 이장이나 개장을 시켜야 합니다. 법정 분묘기지권이 있는 경우에도 최대한 합의 하에 이장 등으로 처리합니다. 지역권 등에 대하여도 자세히 살펴서 말소하거나, 아니면 분할하여 정리하는 것이 좋습니다.

맹지인 토지에 도로 만드는 방법

자신의 토지 앞에 있는 토지를 구입하여 합병 분할하는 방법이 있고, 앞 토지 주인에게 길을 내는 만큼의 토지를 구입하여 도로를 확보할 수도 있습니다. 앞의 토지에 토지사용승낙을 받아 지역권으로 도로를 확보하는 방법, 또는 폐구거나 폐도로 등을 활용하는 방법 등도 있습니다.

성토나 절토로 멋있고 쓸모 있는 토지로 만드는 방법

움푹 들어간 토지는 복토를 하여 올려놓고 높이 솟아 있는 토지는 절토하여 평평하게 하는 것입니다. 가장 좋은 방법은 두 토지를 이용하여 상호 좋게 만드는 방법일 것이고, 특히 도시주변에서 복토할 때 건축현장의 흙을 무료로 받아서 하는 방법이라면 돈 들이지 않는 금상첨화입니다. 토지를 화장하면서 내 돈이 안 들어가고 적게 들어간다면 당연히 해볼 만한 가치가 있습니다.

지목변경을 통한 용도변경으로 가치향상 방법

특히나 수도권이나 대도시 주변에서는 건설 현장 등에서 나오는 토사를 무상으로 받아서 낮은 농지를 매립하고 전으로 지목을 변경할 경우 가치를 크게 높일 수 있습니다.

재배 작물 변경으로 가치향상법

일반 농경지에 과수나 약초나 관상수를 재배하는 방법입니다. 토지 수용 등이 예상되는 경우에 큰 효과를 보게 됩니다. 가능하다면 장뇌삼 등 특수작물 재배도 좋습니다.

비닐하우스나 유리온실 설치 매도 방법

농작물을 재배한다면 농지로 보아서 절세 효과가 있지만, 판매 시설로 활용한다면 농지가 아닌 잡종지로 중과대상이니 조심해야 합니다. 따라서 비닐하우스나 유리온실을 지어서 농작물을 재배하는 상태에서 매도하는 것이 가장 좋은 방법입니다. 높은 가격에 팔 수도 있고 양도세도 농지의 자경으로 절세할 수 있습니다.

예를 보겠습니다.

4차선 도로변에 있는 농지를 10년 전에 1억 원에 구입하여 2천만 원을 들여서 비닐하우스를 짓고 6억 2천만 원에 매도한 경우입니다(편의상 기타 비용 등은 생략했습니다. 이해를 돕고자 하는 것입니다. 사례의 양도세 계산은 세법 개정 전의 구 세법하의 것임을 참고 바랍니다).

비닐하우스를 지어서 농작물을 재배하다가 매도했습니다. 계산하면 매도가 6억 2천만 원-구입가 1억 원-시설비 2천만 원×70%×36%-1,170만 원=1억 1,430만 원이 됩니다. 여기서 8년 이상 자경으로 1억 원 감면하면 1,430만 원입니다.

비닐하우스를 지어서 판매시설인 상태로 파는 경우입니다. 매도가 6억 2천만 원-구입가 1억 원-시설비 2천만 원×60%=3억 원입니다.

납부할 양도세를 비교해보면 농지로 매도하면 1,430만 원인데, 판매시설로 매도하면 3억 원입니다. 여러분은 어느 것을 선택하시겠습니까?

알고 가자!

물론 이 경우 비닐하우스 설치 기간이 길다면 임대수익률이나 판매수익률이 높을 수도 있습니다.

그러나 2억 9천만 원이라면 10년간 연간 2천만 원이 넘어야 하는데 과연 그렇게 될까요? 거기다가 매도 시 원상복구나 임차인에 대한 보상 등도 있어야 할 것입니다.

이 밖에 땅의 가치를 높이는 이러한 방법들도 생각해 보아야 합니다.

주위에 국공유지가 있다면 매입을 해두는 것이 좋습니다. 주위에 폐구거나 폐도로가 있다면 불하를 받는 것이 유리합니다. 물론 구거 등을 진입도로로 활용하는 방법도 있습니다. 작은 임야는 등록 전환을 하는 것이 좋습니다. 물론 등록 전환하는 데는 조건이 있으므로 요건에 적합한 경우에 말입니다. 가설건축물을 지어 두는 것도 한 방법일 수 있습니다. 또한, 개발예정지 등이라면 수용될 때를 대비하는 것도 있습니다.

이래서 부동산 투자는 생물이라는 것입니다. 마치 살아 움직이

는 것과 같으니까요. 그래서 한번 해볼 만한 대상입니다. 거듭 말

하지만, 부동산 투자에서 정답은 없습니다.

12
도로 등 형질변경, 할 수 있을 때 하라!

부동산 투자에서 도로는 떼어 놓고 말할 수 없습니다. 토지가 도로에 직접 연접해 있느냐 없느냐, 연접한다면 몇 미터이고 어떤 도로가 연접하느냐 등 부동산 투자에서 도로와 용도지역은 아주 밀접하면서도 그 가치에 민감하게 작용하는 요인입니다.

부동산을 구입할 때 주변에 큰 도로가 지나가서 향후 발전 가능성이 있고, 그에 연결되는 중요한 도로가 있거나 근접하기 좋은 조건을 가진 이면도로라면 그보다 더 좋은 조건은 없습니다. 그런데 이런 부동산은 이미 그 가치가 반영되어 비싸기도 하지만, 도로로 인한 가치상승은 이미 전 소유자가 챙겨 먹었다고 하면 속된 표현일까요? 이처럼 투자대상 토지가 현재 좋은 위치에 좋은 조건의 도로와 연접했다면, 지금 내가 투자해서는 그런 이득을 챙길 수 없다는 이야기입니다.

그럼 어떤 것이 투자가치가 있을까요? 가장 좋은 것은 현재는 소로나 맹지 정도지만, 바로 접해서 지방도 정도가 나면 돌아가신 조상님이 나에게 복을 주시는 큰 선물일 것입니다. 여기에다가 멀지 않은 지점으로 고속도로나 전용도로가 개설된다고 하면, 갯벌에서 조개를 잡아서 좋아하는데 그 조개가 진주까지 품어서 진주조개를 얻는 셈입니다. 더 나아가 바로 그곳이나 영향권 내에 신도시나 산업단지가 조성된다는 계획이 발표된다면, 이건 진주조개의 진주가 그냥 진주가 아닌 희귀 진주를 품은 것으로 보면 됩니다. 이처럼 부동산은 도로, 개발계획 등과 아주 밀접한 관련이 있습니다.

지금 대부분의 부동산 투자 강의나 세미나에서 강의하는 교수나 전문가, 투자자들은 부동산 구입의 목적을 개발을 통한 단기 이익 실현에 중점을 두고, 이를 부추기는 인상을 줍니다.

나는 부동산 투자의 원칙을 가급적 개발보다는 장기 보유에 중점을 두라고 합니다. 부동산은 한정된 우리의 자산이며 후대에게 물려 주어야 할 유산입니다. 모든 것을 지금에 맞든 맞지 않든 대책 없이 개발해서 이 금수강산을 훼손해서는 안 됩니다. 잘 보전하고 관리하다가 후대에 물려주어야 할 책임과 의무가 있기 때문입니다.

장기 보유를 권한다고 해서 무작정 가지고만 있는 분들이 있습니다. 그래서는 안 됩니다. 부동산은 살피고 보듬고 가꾸어야만 가치가 오르는 생물입니다. 내가 그 부동산에 애정을 갖고 보살필 때, 그 부동산도 나에게 보답을 하는 것입니다. 가령 임야가 있다면 그 임야를 나중에 개발할 때를 대비해서 작업해야 합니다. 즉, 작은 부지라서 전원주택이나 연수원 등으로 사용하려 한다면, 건축물이 들어설 자리를 제외한 다른 곳에는 조경수로 적합한 나무들을 가꾸는 것입니다.

또 더 멀리 외진 곳에는 약초나 유실수를 심어서 수요자가 보았을 때 건축만 하면 된다고 판단하도록 잘 조성하여 놓는 것입니다. 농지를 가지고 있다면 절토나 성토를 하는 것입니다. 그리고 이 또한 주변에 조경수 등으로 잘 가꾸어 놓아야 합니다. 그렇다고 소나무나 참나무 등을 심으면 나중에 개발허가를 받는 데 어려움이 있다는 것은 아서야 합니다.

여기서 가장 중요한 부분이 있습니다. 바로 도로는 낼 수 있을 때 내라는 겁니다. 옆에 땅에서 무슨 일을 하려고 도로 좀 내자고 하는데 무작정 버틴다거나 덤터기를 씌우거나 훼방을 놓는 경우는 아주 잘못된 관리방법입니다. 선심을 쓰면서 자기에게 유리하도록 도로를 내어 놓으면 개발을 하지 않더라도 내 땅의 가치는 하늘 높이 뛰어오른다는 것입니다.

보유한 산지에 길을 내어준 사례

전원주택 등으로 개발이 가능한 10만㎡가 넘는 임야를 가진 분이 있습니다. 이 땅 옆에다 전원주택을 개발하고자 하는 분이 이 땅으로 도로를 내고자 매도를 의뢰했습니다. 매수인은 이 땅의 아랫부분으로 도로를 내기를 원하며, 대략 3,300㎡ 정도의 매도를 요구했습니다. 그는 시세보다 40% 정도를 더 주겠다고까지 했습니다. 임야 소유자는 지금 당장 개발을 하거나 할 생각이 전혀 없는 분이었습니다. 그가 매도 요구를 거절한다면(돈이 더 들고 고생도 더 하겠지만) 매도 요구자는 다른 곳으로 도로를 낼 수는 있습니다.

여러분이라면 어떻게 하시겠습니까? 이분은 이렇게 했습니다. 그는 매도를 조건으로 그 땅의 중간 지점으로 도로를 낼 것과 도로 폭을 8미터로 요구했습니다. 그렇게 하자 도로로 편입되는 땅이 약 6,000㎡가 되었습니다. 대신에 시가보다도 다소 낮은 가격인 애초 3,300㎡ 요구 시 제시한 총 가격에 10% 정도만 올리는 것으로 하고, 도로 지분의 1/3을 공유지분으로 취득하는 것으로 했습니다. 얼핏 보면 3,300㎡ 가격에 6,000㎡를 주었으니 손해나는 거래인 듯싶습니다. 그는 이렇게 하고는 2필지이던 땅을 6필지로 분할했습니다.

결과, 10만여㎡ 중에서 일부만 도로가 접하던 땅이 전체가 도로에 접하는 땅으로 변했습니다. 이제 그 땅은 언제라도 개발을 할 수 있는 그런 땅으로 변한 것입니다. 이런 것이 바로 부동산을 관리하는 요령이라고 할 수 있습니다. 부동산 투자는 싸게 사서 비싸게 파는 것이라고 하지만, 바로 이렇게 구입하고 보유하면서 관리를 잘하는 것 또한 투자에서는 매우 중요합니다.

그럼 이런 기회가 언제나 있을까요? 그렇지 않습니다. 어느 시점에 갑자기 생깁니다. 이런 기회가 오면 대부분은 옳다 기회로구나 하면서 비싸게 불러서 아랫부분으로 도로를 내도록 할 것입니다. 그렇게 한다면 결국 일부만 개발하거나 아니면 개발을 위해서 나의 금쪽 같은 땅으로 도로를 내는 개발을 해야 할 것입니다. 결국은 그만큼 손해가 발생하게 됩니다.

진정한 투자자라면 옆 사람이 하는 것을 시기하지 않고 상부상조하면서 나의 이익도 챙기는 바로 이런 투자법을 구상할 수 있어야 합니다.

나는 투자에서 도로를 낼 기회가 있으면 무조건 내주라고 합니다. 예로서 산림 도로이든, 농로이든. 진입도로이든, 또는 어느 공사를 위해서 임시로 내는 도로이든 내 땅을 사용하겠다고 하면 무조건 내주라는 것입니다. 이것이 나중에 아주 크게 보답을 하게 됩니다. 특히, 옆 사람은 물론이고 행정기관 등에서 요구할 때에는 무조건 해주어야 합니다.

여러분이 아쉬워서 부탁할 때 그 요구조건을 들어준 분에게 나중에 그 도로를 활용하는 방안을 찾는다면 도움되게 할까요? 안 되게 할까요? 아마도 억지로 해주었거나 안 해주었다면, 기를 쓰고 못하게 하는 방법을 택할 겁니다. 왜냐하면, 그도 사람이니까요.

부동산 관리도 투자라는 말을 잊지 마십시오.

또한, 잘 보전 관리하는 것도 우리의 의무라는 것을 잊지 마십시오.

13

개발제한구역 농지에 하는 가치 투자

개발제한구역 내에 투자하여 대박을 내는 경우는 너무나 많습니다. 그런데도 많은 사람이 개발제한구역이라고 하면 쳐다보려고 하지도 않습니다. 이제부터 그중에 일부를 소개하려고 합니다.

이축권 투자 이야기
−이축권은 인근 지역으로 옮겨 건물을 지을 수 있는 권리임

이축권에 투자한 이야기는 직접적인 농지 투자는 아니지만 결국은 농지와 연계되었을 때 그 투자 효과가 배가 되므로 여기서 소개하고자 합니다.

이축권의 거래 가격이 폭등한 시점은 1999년부터 시작된 개발제한구역 해제에 대한 발표 이후부터, 그리고 개발제한구역에 관한 법률이나 관리규정이 변경된 2003년부터 더욱 폭등하기 시작한 것으로 기억됩니다.

그 이전에는 개발제한구역 내의 이축 물건이 너무나도 많았습니다. 따라서 대부분 2,000만~3,500만 원 정도(이축 시 건축 규모가 50~90평)로 형성되어 있었습니다. 그러나 개발제한구역이 해제되면서 대상 물건이 줄어들고 또한 법령 등의 변경으로 이축 허가에 대한 조건이 강화되기 시작하면서 물건의 부족 현상이 빚어졌습니다. 따라서 2002년경까지 2,000~3,500만 원 정도에 형성되었던 이축권 가격은 2003년 이후 8,000만~1억 원대였고, 2005년경에는 무려 4억 원을 넘게 되었습니다. 지금은 수도권에서는 10억 원대로 치솟았지만 구할 수가 없는 지경입니다. 그런데도 수요자는 넘치고 물건은 없는 그런 상태로 이어져 오며, 지금은 그 가격조차 가늠되지 않습니다.

이제 투자하여 성공한 사례를 얘기하겠습니다. 편의상 상호나 정확한 위치는 소개하지 않겠습니다. 다만, 부천의 어느 지역이라고만 밝히니 이해하여 주시기 바랍니다. 개발제한구역 내에서 남의 집을 보증금 5,000만 원, 월 500만 원에 임대하여 음식점을 하던 이 사장님이 있었습니다. 그런데 계약기간인 2년간 다 죽어가던 그 음식점을 살려 놓자 주인이 직접 하겠다고 비워달라는 것이었습니다. 이 사장님은 백방으로 이전할 곳을 찾았으나 마땅치 않자, 주인에게 통사정하여 1년간 계약을 연장하되 권리금을 받지 않는 것으로 양해를 얻어 영업할 수 있었습니다.

이때부터 장사보다는 다음에 이전할 곳에 더 신경을 쓰고 있던 차에 이축권에 대해 생각하게 되었습니다. 마침 현재 영업을 하는 바로 옆의 밭 1,320㎡(400평)를 밭주인에게 팔라고 하니 3.3㎡(1평)당 400만 원에 팔겠다고 했습니다. 물론 이 당시 주변시세는 250만 원밖에 되지 않았으므로 밭주인은 그냥 해본 소리였습니다. 그러나 이 사장님은 이축권을 3억 8,000만 원에 사기로 하고는 바로 밭을 구입하기로 하였습니다. 그때 부동산을 하는 저로서도 이해가 가지 않을 정도의 과감한, 아니 무리한 결정으로 보았습니다.

그래서 이 사장님에게 직접 그 이유를 물어보았습니다. 그 이유는 단순했습니다. 첫째는 바로 옆에다 영업장을 계속할 경우에는 현재 오는 손님을 그대로 유치할 수 있어 영업이 지속적이고 안정적인 수입을 올릴 수 있을 것이며, 둘째는 대지구입비가 대략 3.3㎡당 500만 원인데 그런 땅을 어디에서 구할 수 있느냐는 것입니다(즉, 500만 원이란 밭 구입비가 3.3㎡당 400만 원이고, 이축권 3억 8,000만 원과 비용을 포함하면 대략 3.3㎡당 100만 원이라는 것이지요). 셋째는 부천의 상업지역은 3.3㎡당 1,500만 원을 넘고 준주거지역도 1,000만 원대인데, 그 돈으로는 그만한 부지를 확보할 수 없다는 것입니다. 여기서 물론 건축비는 공통이므로 계산에 안 넣었다는 것입니다. 바로 여태껏 내가 이야기했던 본인이 돈이 되면 투자해야 한다는 것을 이 분은 영업적 감각으로 접근한 것이었습니다. 여하튼, 부동산에 접근하는 또 다른 한 면을 배우는 그런 사례였습니다.

또 다른 양 사장님은 원주민인 경우 이축권으로 제조업으로 300㎡까지 건축이 가능하다는 것을 알고는 투자하여 톡톡한 투자이익을 거두고, 실제 본인이 사용함으로써 일거양득의 효과를 얻었습니다. 이축권을 2억 원에 구입하여 1층 200㎡, 2층 100㎡의 제조업 공장을 건립하기로 하고, 부지는 농지를 2억4천만 원에 2,000㎡를 구입하여 330㎡를 제조업 부지로, 100㎡를 주차장 부지로 전용하였으나, 실제는 전 부지를 거의 조경 등을 하여 사용하고 있습니다. 총투자비가 약 6억 원 정도였고, 대출이 4억 원이었는데, 2007년 당시 시가는 대략 18억 원 정도이고, 대출금이 8억 원에 다른 농지에 투자한 것이 10억 원 정도의 평가자산을 보유하게 되었습니다. 즉, 자기 자본 2억 원 정도를 투자하여 5년여 만에 현재 순자산액만 20억 원 정도에 달했습니다.

이처럼 이축권을 어떻게 활용하느냐에 따라서 대단한 이익을 창출할 수 있습니다. 물론, 개중에는 큰 이익을 얻지 못한 분들도 있을 것입니다. 그럼 이축권은 어디서 나올까요? 대부분 도로나 도시계획시설부지의 수용지에서 나옵니다. 따라서 이축권이 되는 물건에 투자하는 것도 하나의 방법입니다. 다만, 이 경우에는 시간과 장기 투자비용이 들어갑니다. 대신에 확실하게 투자이익을 볼수 있는 장점이 있겠지요.

토지의 분할 합병을 통한 가치 창출

이는 일정 면적 이상의 농지인 경우 분할을 하는 것입니다. 녹지지역에서는 132㎡ 이상으로 분할이 가능합니다. 그렇다면 264㎡ 이상의 토지라면 분할할 수 있겠지요. 그러나 경지정리가 된 농지인 경우에는 2,000㎡ 이상이라야 합니다. 즉 4,000㎡ 이상이라야만 분할이 가능합니다.

그럼 분할은 무엇 때문에 하는가? 바로 몸을 가볍게 하려는 것입니다. 예로서 2,000㎡가 2억이라면 투자자가 많겠지만, 4,000

㎡라면 4억 이상 투자를 해야 하므로 투자자가 적겠지요. 그래서 분할하여 그 수요층을 넓게 하려는 것입니다.

또는 합병하는 경우도 있습니다. 합병하려면 소유자와 지목이 같아야 하는 것은 아시죠. 그럼 무엇 때문에 하는 것일까요? 못 생긴 땅을 예쁘게 만드는 것이고, 도로에 접하지 아니한 땅을 도로에 접하게 하는 것이며, 합병과 분할하여 정리하는 경우도 있습니다.

간단한 개발행위 방법

논을 개발행위 허가를 받아서 밭으로 지목변경해 놓으면 동일지역에서 약 20% 정도의 가격을 더 받을 수가 있습니다.

다음으로는 개발행위허가를 받아서 건축하는 겁니다. 구옥이 있는 경우에 원주민이면 개축이나 대수선도 가능하고, 남의 토지에 있다면 취락지역으로 이축도 가능하며, 원주민인 경우 또 공장(제조업)이나 근린생활시설도 가능합니다.

또 다음으로는, 농업용 시설로의 전용입니다. 축사나 버섯재배사, 콩나물재배사 등으로 전용하는 것입니다. 물론 과거에는 정식 건축물로 허가가 났으나, 제조업이나 창고 등 타 용도로 변경이 많아 지금은 일부시설과 지역에서는 허가가 나지 않거나 비닐하우스로 건립하도록 하고 있습니다.

어찌 되었든 이러한 방법으로 건축물이나 시설을 하고, 잡종지 등으로 지목 변경한 후에 시차를 두고 전용해 가는 방법입니다.

해제 지역이나 개발지역과 그 인근의 투자

개발제한구역에서 해제되어 주거지역으로 지정되는 10호 이상의 취락지역 등에 투자하는 것입니다. 주거지역 등으로 지정되면 그 투자가치는 매우 좋습니다. 도시근교이고 교통이 좋고 무엇보다도 환경이 뛰어나기 때문입니다.

다음으로는 개발제한구역에 대규모 택지개발이나 산업단지 등을 조성할 만하거나 할 것으로 소문이 난 지역에 투자하는 것입니다. 사업대상지로 선정 시에는 보상금을 두둑이 수령하는 것은 물론이고, 대토로서 단독부지나 공장부지 또는 상가 부지를 받을 수도 있습니다.

다음으로는 이러한 개발지 주변에 투자하는 것입니다.

이 외에도 개발제한구역 내의 토지 투자는 매우 다양한 방법이 있습니다. 그리고 투자에 대한 결과도 매우 좋게 나옵니다. 위에 소개한 투자에 대하여는 다른 곳에서 자세히 기술하므로 방법만 소개하고 넘어갑니다. 물론 이러한 투자는 장기적으로 묶여서 아무엇도 못하는 경우도 있습니다. 그러나 이런 위험성은 감수하고 투자하는 것이므로 단기, 중기, 장기나 투자 목적 등에서 이미 투자성향을 보이고 있다고 보면 될 것입니다. 그렇지 않다면 투자의 방향을 아예 잘못 잡은 것입니다. 언제나 투자는 손해도 이익도 본인의 몫입니다. 전문가나 컨설팅업체나 중개업자는 그냥 조언자일 뿐입니다. 투자자는 이익을 추구하게 되어 있습니다. 이익이 없으면 아무도 투자하지 않고 소개도 하지 않습니다.

14
땅의 주인이 되어야만 여유롭고 행복한 부자로 잘살 수 있다

부동산하면 무엇이 떠오르시나요? 아마도 대부분 아파트가 떠오를 것입니다. 그러나 진정한 부동산은 땅이란 걸 알아야 합니다. 땅만이 불변의 가치를 가지고 있기 때문입니다. 땅 위에 지어진 아파트나 건물은 일정 기간이 지나면 그 가치가 하락하거나 비용이 들어가지만, 땅이란 것은 그 가치가 더 돋보이게 되는 것입니다.

자, 한번 살펴볼까요? 아파트에는 땅이 얼마나 지분으로 있나요? 아파트보다는 못한 빌라 다세대는 지분이 얼마나 있나요? 아! 그 잘나가던 주상복합은 지분이 얼마 이길래 요즘 선호도가 떨어질까요? 지금까지 빛을 발한 오피스텔이나 원룸은 지분이 얼마나 하는지 아시나요? 요즘 와서 대접받는 단독주택이나 전원주택은 대지가 얼마나 되더라….

세월이 지나면서 땅의 면적에 따라서 그 가치가 빛을 발하는 이유를 이제 알겠나요? 바로 부동산의 가치는 결국 땅이라는 것을 알아야만 투자에 성공할 수 있습니다.

이만큼 이야기를 했으면 이젠 알겠지요? 이제 주거비율이 100%를 넘어섰다고 하는 시대이니 과거와 같이 단순히 아파트 등 주거시설로 투자이익을 남기기는 어려운 시절이 왔습니다. 그럼 어디에 무엇을 기준으로 투자를 해야만 할까요? 바로 부동산의 가치를 결정짓는 땅을 보고 투자를 하라는 이야기를 하는 것입니다.

지금은 소유가 아니라 사용이라고 하던가요? 그런 이야기를 누가 하던가요? 가진 사람이 하지는 않던가요? 요즈음 한참 회자된 갑을 관계로 보면 땅을 가진 자가 갑이던가요? 을이던가요? 이제 갑의 시대는 가고 을의 시대가 도래했나요?

영원한 갑도 영원한 을도 없지만, 을이 갑을 이길 재간은 없습니다. 공연히 을의 세상이라는 허황한 망상에 빠지지 마십시오. 갑은 갑이고 을은 을일 뿐입니다. 이는 동서고금을 통틀어서 아니 앞으로도 변치 않을 진리입니다.

요즈음 부동산시장에서 일어나는 보지 못했던 현상을 아시지요? 전세난에 월세는 다락같이 오르는데도 집값은 오르지 않는 것…. 그동안 여러 차례 언급을 하였지만 집값이 오르지 않는다면 임차료는 집값의 110%는 되어야 정상시장이라고 한 것 기억나시지요? 정부에서 세금으로 임대주택을 제공하지 않는 한 이는 당연한 귀결입니다.

또 하나 정부의 전세자금이나 저리 대출로 전세나 월세로 살아가면 된다고 하는데 그럼 소득이 없어지는 은퇴 후에는 무엇으로 대출이자나 월세를 내며 살아갈 건가요? 과연 그 이후의 삶은 어떻게 될까요? 저는 이것이 가장 궁금합니다.

그동안 돈을 많이 벌어서 그 돈으로 살아가게 될까요? 아니면 정부의 생계지원비로 연명하면서 살아갈까요? 후대가 줄어들어서 연금도 바닥난다고 난리인데 세금은 무한정 나올 수 있을까요?

이야기가 옆으로 새려고 하네요. 우선 내 집은 마련은 해야만 노후를 안전하게 보낼 수 있습니다. 이미 자녀들이 부모를 봉양하는 시대는 지났습니다. 자기들 먹고살기도 바쁜데 부모를 챙길 여유가 없기 때문입니다.

그렇다고 선진국처럼 사회보장제도가 완벽하지도 않습니다.

아직은 많은 부분을 개인들이 준비해야만 하는 그런 사회가 되었습니다. 그렇다면 대안은 내 집에서 살면서 생활비도 걱정하지 않는 내 집 하나는 꼭 있어야 합니다.

앞에서 말했지만, 집의 가치는 땅이라고 했습니다. 이왕이면 넓은 땅을 차지하면 더더욱 여유롭게 지낼 수 있을 것입니다.

집이 있고 상가든 공장이든 다른 부동산이 있다면…. 더 넓은 농지나 임야가 있다면…. 좀 더 여유롭게 부자로 살아갈 수가 있다는 겁니다. 어떻게 해서든 이왕이면 넓은 땅을 가지는 욕심을 부려야 하고 그래야만 부부가 노후를 자녀들과 여유롭게 보낼 수가 있을 것입니다.

다시 한 번 말하지만, 동서고금을 막론하고 땅을 가진 자가 세상을 지배했습니다. 과거에는 땅을 가진 자가 그 지역의 서민을 지배하였습니다. 지금도 땅의 지배권을 가진 국가는 각종 규제로 관리하고 세금을 거두어들이며 지배하고 있습니다. 그러나 땅을 가진 개인은 땅을 이용하려는 그 사람들에게서 이익을 취하고 있습니다. 바로 땅을 가진 자가 땅을 갖지 못한 자에게 지배권을 행사하며 이익을 취하는 것은 과거나 지금이나 또 앞으로도 영원히 변치 않을 것이라고 본다면, 그렇다면 땅을 가지려고 노력을 해야 하고 또 그 땅을 소유하여야만 한다고 주장하는 것입니다.

땅은 소유가 아니라 이용이라는 달콤한 가진 자들의 말에 놀아나서, 나만이 아닌 내 자식들까지 영원한 지배를 받는 리스인생으로 전락하지 마시기 바랍니다.

혹시 땅으로 기업이나 재벌들이 부자가 되었다는 사실을 아십니까? 우리나라 아니 세계의 기업들도 대부분은 부동산으로 돈을 벌었다고 해도 과언이 아닐 정도입니다. 도시의 변두리에서 공장 등 대규모 부지를 형성하고 기업 등을 운영하다 보면, 종사자 등이 모여들면서 도심화가 이루어지고 그로 인해 개발압력이 가해지고 결국은 인심 쓰며 그 자리를 필요로 하는 수요자들에게 넘겨줍니다. 또다시 값싼 변두리 토지에 기업을 이전하고 생산을 하면서 연명하다 보면, 또다시 개발압력이 주어지고 또 큰돈을 벌어서 이전하게 되는 투자 선순환이 이어지면서 땅 투자로 큰 수익을 창출하는 부가 이루어진다는 것을 말입니다.

지금은 아니 글로벌 금융위기 이후부터 부동산시장은 물론 전체의 경제가 과거와는 완전히 다른 새로운 패턴으로 흘러가고 있다고들 말합니다. 또한 지금 어디에 어떻게 투자를 해야 하는지 한치 앞을 알 수가 없다고 말들을 합니다.

부동산은 대폭락할 것이고 이제 부동산은 끝났다고들 말하기도 합니다. 그럼 다른 투자 수단으로 재테크로 대박을 내셨나요? 어느 누구에게나 다 좋은 그런 재테크 수단은 존재하지 않습니다.

사람이 단 한 순간이라도 부동산과 떨어져서 살 수가 있을까요? 아니올시다 입니다. 비행기나 배를 타면 된다고 그것도 부동산입니다. 그리고 아주 잠시 떨어져 살지는 모르지만 먹고 마시는 것이 어디서 나오나요. 바로 땅에서 나온다는 것, 부동산이란 걸 혹시 망각하지는 않으셨겠지요? 땅이란 내가 사는 한 아니 내 후손들이 사는 한 언제까지나 함께 할 수밖에 없다는 걸 명심하십시오.

부동산은 땅이란 것을 인식하시고 부동산 투자는 결국 땅에 투자한다는 걸 잊지 마시기 바랍니다. 땅을 가진 자가 세상을 지배합니다.

땅의 주인이 되어야만 여유롭고 행복하게 살 수가 있습니다. 내가 가진 땅만큼 나의 지배권이 있고 그만큼의 여유와 부를 누릴 수가 있습니다.

부동산 투자 아직도 늦지 않았습니다. 이는 평생 동안 내가 실천해야 할 과제입니다. 꾸준한 관심을 갖고 정보와 지식을 습득하고 자금을 준비하다가 기회가 주어졌을 때 투자로 실천하면 누구라도 여유롭게 부자로 행복하게 잘 살 수 있습니다. 세상은 누구에게나 공평하게 기회를 줍니다.

어제의 삶이 지금 나의 모습이며, 지금 나의 삶이 내일의 나의 모습입니다.

어제보다 나은 내일을 위해서 오늘도 열심히 살아갑시다.

15
남들이 거들 떠 보지도 않는
진흙 밭으로 돈을 번 사연

우리나라에는 동네의 마을 이름이 점말이라는 마을이 많이 있습니다. 우리네 동네 마을마다 이런 친근한 이름들이 흔하게 있고, 그 중에도 점말이라는 말도 유난히 많은 것 같다. 대부분 점말이라고 하면 진흙으로 이루어져 비가 오면 새색시도 맨발도 다녀야 하는 마을이란 그런 곳입니다. 그러나 지금은 황토 바람이 불어서 인기를 더하고 있으니 세상은 돌고 도는 알고도 모를 일이기는 합니다.

내가 부동산 시장에 뛰어 들은 초기의 어느 날, 평소에 아는 분이 점토, 즉 황토가 좋은 땅을 하나 사고 싶다고 하는 것이었습니다. 나는 아무 생각 없이 과거에 내가 근무했던 이천의 점말이라는 마을 두 곳을 생각해낼 수 있었습니다. 우선은 내가 한번 다녀오는 형식으로 두 곳 마을을 방문해 보니 한 마을은 황토가 아닌, 그냥 물이 많아서 진펄 흙이 나오는 그런 마을이었고, 한 마을은 황토로 이루어진 넓은 그런 마을이었습니다. 아는 지인을 통하여 나온 매물을 확인하려 했으나, 원래 그곳의 터줏대감이 거의 다 깔고 앉아 있는 터라 매물이 없었습니다. 거래가 없었으니 가격도 아예 없다고 하는 편이 나을 것입니다. 그래도 혹시나 해서 부탁을 하고 올라왔습니다.

그 후에 몇 번을 연락을 취했으나 소식이 없는 관계로 친구가 황토 벽돌공장을 운영하는 고창 쪽을 알아보려고 하였으나, 그곳은 너무 멀어서 안 되고, 여주·이천지역에서 구해달라는 것이었습니다. 잘 알다시피 여주·이천지역은 점토 흙도 많지만 대부분 강가의 들판은 모래밭이고, 산 밑은 석벼레라 하는 바위부스러기 흙들입니다. 그 외에 여주 이천의 특산품인 좋은 쌀을 생산하는 곳은 고래실 또는 고래 논이라 하는 소위 진흙 펄 논들입니다.

그런데 뜻하지 않은 곳에서 연락이 되었습니다. 그 점말에서

인삼밭을 하던 분이 자기 땅을 팔겠다고 직접 연락을 해온 것이다. 당시에 그곳 일원의 밭 값이 3.3제곱미터 당 4만 원 정도 하는데 자기 땅은 길도 없고 동산에 있으니까 3만 원에 팔겠다는 것이 아닙니까? 당시 이 땅은 길에서는 조금 떨어진 맹지였고, 길에서는 2미터 이상으로 해서 30여 미터나 높은 그런 언덕배기 땅이었습니다. 따라서 바로 집을 짓기에는 무리가 있는 그러한 땅이었습니다.

그러나 나는 구입하시려는 분이 황토를 쓰려고 하는 용도와도 딱 맞아떨어지고 원하시는 집을 지을 수도 있겠다고 생각하고서 그 즉시 계약을 하겠노라고 연락을 드리고 한걸음에 달려갔습니다. 일은 일사천리로 진행되었으며 금년 말 인삼을 캔 후에 땅은 명도받기로 하고 계약을 하였습니다.

그럼 이 땅을 어떤 용도로 활용했기에 돈이 되었다는 것일까요? 잠시 여러분의 생각을 최대한 활용해 보기로 하겠습니다.

이 분도 단순하게 황토로 벽돌집을 짓는 것만 생각을 하게 되었고, 이곳에다 작은 집 하나 짓고 황토 속에서 살아가고자 하는 생각을 하게 되었던 것입니다. 그러면서 맹지인데 가능하겠느냐고 반문을 하면서도 내가 조금 더 돈을 쓰실 생각만 있으시면 가능한데, 아마도 돈을 쓰기보다는 벌면서 할 수 있을 것 같다는 말에 흔쾌히 결정을 내리신 것입니다.

여러분!

그런데 황토를 활용하는 것은 가능하였지만, 도로에 접하지 않은 맹지인데 어떻게 집을 지을 수 있다고 생각했을까요? 이런 생각들을 안 해 보셨나요? 세상은 give &take, 즉 주고받으면 모든 해결책이 있다고 생각 안 하시나요?

또 하나는 어떻게 돈이 되는 땅이 되었다는 것인지가 궁금하지 않으신가요? 아니, 아마도 어떻게 돈이 되었다는 것인지만 궁금하시겠지요. 그런데 그런 답만 알면 돈 벌 것 같지만, 그래서는 부동산 보는 눈 뜨지도 못한다는 걸 알아야 합니다.

이런 실제 사례들을 들으면서 '돈을 많이 벌었겠구나,' 또는 '얼마나 벌었을까?'라는 의문을 둔다면 이 사람은 투자를 하지 말아야 합니다. 오히려 이런 이야기들이 들리면 어떻게 했을까 상상의 나래를 펴고 허물었다 쌓았다, 기와집도 짓고, 공장도 짓고, 농장도 만들어 보는 사람이라야 투자에 성공할 수가 있습니다.

인삼을 캐내기 전인 가을에 겨울 농한기에 농지개량을 일시전용허가를 냈습니다. 그러고는 겉에 있는 흙을 가지고 주변의 농지에 무상으로 객토를 해주었습니다.

아마도 50여 센티 미만으로 긁어서 말입니다. 이렇게 하니 어떤 결과가 나왔을까요? 일단 주변의 인심을 얻을 수 있었습니다. 그럼 겉에 있던 흙만 파내고 나머지는 그대로 두었을까요? 그렇게 하려고 벌인 사업이 아니었다는 것 다 알고 있지 않은가요?

여러분은 좋은 흙을 주변에 팔았을 것으로 생각을 할 수 있을 것입니다. 당시 25톤 한 차에 이곳에서는 거리에 따라 3~5만 원 정도 했으니까요. 아마도 이곳에서 나오는 흙만 팔아도 1~2억 정도나 하는 어마어마한 수익을 올릴 수 있었을 것입니다(직접 작업해야 하고 장비 값도 지불해야 하므로 실제 이득은 1억 원 미만일 것이다).

그러나 그곳에 사시는 분들은 장비를 어떻게 쓰고 허가를 어떻게 하는지 등 부동산 관리에 대한 재테크 개념이 없어서 그저 그냥 가지고 있었을 뿐입니다.

그러나 나는 다르게 판로를 찾았습니다. 조선기와를 만드는 분을 찾아서 1년 안에 1억 원에 흙만 파 가겠다고 계약을 하기로 한 것입니다. 농지 1만여 제곱미터 구입하는 데 든 9천여만 원을 웃도는 액수였습니다. 또한, 직접 중장비를 대서 겨울에 고생하는 것도 안 할 수 있고, 실은 그런 일을 직접 나서서 할 처지도 안 되고 그런 용기도 없었습니다. 그래서 간단하게 땅값을 건져버리는 결단을 내렸던 것입니다.

동시에 도로에 접하는 진입로를 확보하기 위하여 앞의 땅 주인에게 50미터×6미터, 약 300제곱미터를 500만 원에 도로로 팔면 현재 길보다 높아서 별로 효용가치가 없는 나머지 2,500여 제곱미터의 땅을 도로와 같은 높이로 만들어 주겠다고 제안을 했습니다.

　당시 이 지역에서 이런 규모의 작업을 하려면 5,000여만 원이 들어가므로 땅값 3,400여만 원보다도 더 많이 들어서 엄두도 내지 못하는 것을 300제곱미터의 땅을 450만 원에 비싸게 사주고 나머지 땅을 좋은 밭으로 만들어 준다고 하니, 진정으로 감사하게 받아들이고 적극적인 협조를 얻을 수 있었습니다.

　자! 여기서 이 땅에 투자한 사례들을 다시 한 번 정리를 해보기로 하겠습니다. 진입로 확보는 앞에 땅 주인과 윈윈을 했고, 주변 분들에게는 곁에 있는 상품가치가 없는 흙으로 인심을 썼고, 나머지 상품가치 있는 흙은 필요한 사람에게 넘겨주었고, 투자한 1억 원 정도는 흙을 매도하여 수익을 챙겼고, 1만 제곱미터라는 땅은 덤으로 얻었던 그런 투자 사례였습니다.

　이분은 이곳에다가 작은 황토 벽돌집에 황토방까지 만들었지만, 그 옆에 땅을 가지고 있던 원주민이 자기에게 팔라고 하여서 2010년 초, 모두 부동산 경기가 별로라고 할 때에 15억에 매도를 하고서는 지금은 그저 유유자적하며 세월을 낚고 지내고 있습니다.

　아! 세금은 어떤지 이런 것 궁금하시죠? 아, 좋은 방법인 건 아는데 말을 할 수도 없고…. 하하! 각자가 여러 가지 절세 방법들 생각해 보세요.

세금은 하나도 내지 않았습니다. 주택과 주택부지는 1가구 1주택이므로 비과세가 되었고, 농지는 8년 이상 재촌자경을 하였으므로 양도세 2억 원 감면에 해당하여서 내야 할 세금이 없었습니다. 9천만 원에 구입하여 1억 원을 받았고, 집을 짓는 데 8천만 원이 들어갔으니, 총 7천만 원을 투자하여 10년 동안 농사지으며 잘 살다가 팔고, 15억 원이라는 돈을 가진 부자가 된 것입니다.

이분의 이 땅에 얽힌 이야기를 다하지 못하지만, 세상은 하려고 하는 자에게는 할 수 있도록 길을 열어주고, 단순하게 열심히 사는 것이 아니라 좋은 방법이나 길을 선택하고, 그것을 실천하는 사람에게는 반드시 보답해 준다는 것을 보여준 사례라고 생각합니다.

16

공사장 흙 매립업자의
농지투자 이야기

오늘은 여느 날보다 2시간 정도 일찍 일어났습니다. 평소 존경하는 교수님의 강의를 들으러 가는 날이라서 그런지, 아니면 오랫동안 찾아뵙지 못한 죄송한 마음에서인지….

그래서 오랜만에 투자이야기 하나를 꺼내 보려고 합니다.

과거의 어느 날이었습니다. 흙을 메울 수 있는 땅을 구해 달라는 것입니다. 물론 사겠다는 것이 아니고, 차 1대당 얼마를 주고 매립을 할 수 있는 그런 땅 말입니다. 못 구해 줄 것도 없었지만 일단은 만나자고 하였습니다. 이 분은 어느 정부 국책사업에서 나오는 현장의 흙을 처리하기로 한 회사에 근무하는 분이었습니다. 큰

업체는 아니었으나 책임 있는 분은 아니라서 현장소장을 만나게 해 달라고 하였습니다.

물론, 이전 같으면 그냥 그런 땅을 소개해주고 얼마의 수수료를 받고 처리했을 것입니다. 그러나 나는 의뢰자에게 더 도움이 될 수 있는 방법이 무엇인지를 생각하게 되기 때문에 이렇게 가끔은 주제넘은 짓을 하곤 합니다.

대부분의 건설 건축현장에서는 높은 곳을 깎아내거나 터널 굴착 지하 터파기 등으로 토사가 나오게 되는데, 이를 직접 시행사 등에서 하는 게 아니고 또 다른 처리업체가 나서서 하고 있습니다. 그런데 대부분은 이런 토사를 매립장으로 운반 처리하여야 하는데, 이때 비용이 많이 들고 또 멀리까지 가게 되므로, 시간적 낭비도 있어서 매립을 할 수 있는 부지를 물색하게 되는 것입니다. 이런 경우에 토사 처리업체는 시간과 비용을 절감하면서 흙을 처리할 수 있어서 좋고, 매립을 하는 토지주는 돈 안 들이고 깊은 논밭 등 토지를 성토하여 사용할 수 있게 되어서 누이 좋고 매부 좋은, 그야말로 환상의 궁합이 탄생하게 되는 것입니다. 따라서 여러분도 도시근교에서 농경지 등에 흙을 매립하는 것을 흔히 보았을 것입니다.

물론, 도시근교가 아닌 다른 지역에서의 성토작업은 대부분 토지주가 직접 돈을 들여가면서 시행하거나, 아니면 다른 곳에서 나오는 흙을 돈을 주면서 작업을 하는 것이 대부분입니다.

현장 책임자를 만나보니 그 규모가 어마어마하게 컸고 그 흙 처리비용으로 예상하는 비용만도 수십억 원이나 되었습니다. 물론, 애초 입찰가에 비하면 적은 돈이란 것은 다 아실 거고요. 따라서 우리 지역은 대부분 개발제한구역인지라 허가 없이 50센티 미만으로 매립을 한다면 십여만 평이나 필요할 만큼의 농지가 필요했습니다. 그렇게 많은 면적을 구하기도 쉽지 않지만, 그 효율성도 낮으므로 이미 생각하고 간 다른 방안을 제시하게 되었습니다.

당시에 25톤 차 한 대의 흙 처리 비용은 잘 모르지만, 현장에서의 처리비용은 3만 원 내외였습니다. 그런데 농작물 재배를 하지 않는 겨울에는 1~1.5만 원, 농작물이 재배되고 있어서 매립할 농지가 별로 없는 여름에는 3~4만 원 정도를 하던 그런 때였습니다.

나는 매립할 농지를 직접 구입해서 해보도록 제안을 한 것입니다. 당시에 대출이 거래가액의 약 70%가 나왔습니다. 따라서 30%의 비용만 있다면 우선 몇 필지를 구입해서 추진해 보자고 하였습니다. 그게 아니면 일부는 다른 투자자를 유치해서 비용을 절감하는 길도 있다고 하며 대안을 제시하였습니다.

그러면서 허가 없이 50센티로 하는 것이 아니라 성토의 높이가 2미터 이상 되는 곳을 선택해서 허가를 받아서 해보자고 했습니다. 그렇게 한다면 토사처리는 처리대로 하고 농지를 소유할 수 있게 된다고 설득을 하였습니다. 처음에는 반신반의하였지만 역시 사업 수완이 있는 사람이라 산수에는 강하더라고요. 그리고 판단은 신속하게 하더라고요.

바로 대상지역의 농지를 물색하여 일단의 농지로 처음에는 30,000㎡를 구입하기로 하고, 성토에 대한 허가를 받아주는 조건으로 계약을 진행했습니다. 모든 일은 순조롭게 진행되었고, 그중에 일부는 나와 나의 투자자들이 구입을 하면서 초기 구매자금 등 비용부담이 없도록 하였습니다.

사실은 나도 소개만 해주어서 버는 것보다는 이렇게 하여 땅의 가치를 높임으로써 투자로 버는 것이 더 나았기 때문입니다. 당시에 총 구입가격이 25억 정도가 되었으니 70% 대출을 받는다 하여도 계약금 10% 정도와 나머지 20% 정도가 필요했기에 그 업체만이 아닌 다른 사람들의 투자가 필요했던 것입니다. 물론, 다른 투자자들이 대출 없이 투자를 한다면 대출이자 부담도 없게 되는 것이고요.

땅 구입부터 매립이 종료된 약 1년여 지난 후의 투자수익률은 어찌 되었을까요? 흙 매립업자는 예상했던 비용 이내에서 모든 사업을 완벽하게 마무리할 수 있었습니다. 그리고 내 땅 13,223㎡의 주인이 되었습니다. 나머지 19,834㎡는 투자자들에게 나누어준 대신에 땅 구입에 필요한 자금을 융통할 수 있었습니다.

그럼 이 땅의 가치는 어찌 되었을까요? 원래대로였다면 평당 25만 원이었겠지만, 2미터 이상 매립하여 도로와 비슷한 높이로 잘 화장을 해 놓으니, 그 가치가 뛰어서 30만 원 이상의 가치를 가진 그런 땅으로 변했습니다. 그러니 매립업자는 흙 처리비용으로 일부 대출이 있긴 하였지만 12억 원이나 되는 땅의 주인이 되었고, 다른 투자자들은 15억 원 투자하여 18억 원의 땅 주인이 되었으니 3억 원, 즉 20%나 되는 수익률을 앉아서 챙긴 꼴이 된 것이지요.

지금도 가끔 만나는, 이젠 어엿한 사장님으로 변신하신 그 이 사장님은 밥은 언제고 살 테니 연락만 주세요, 어디라도 달려가겠습니다 하지요. 하지만 그분 돈 버는 것 보고 있기 싫어서 연락을 안 하고 있답니다(농담).

이렇게 똑같은 일을 처리하면서도 수익 창출을 할 수가 있는데도 부동산 투자 재테크에 관심을 두지 않는다면 이런 가치 있는 투자의 기회를 놓치게 된다는 것이지요.

그럼 여기서 모두가 궁금해하는, 아니 관심을 갖는 투자수익에 대하여 한번 살펴볼까요? 물론, 당시에는 부동산 상승시기라서 실제로는 3년 만에 두 배 이상이나 되는 수익률을 올린 투자를 하였답니다.

그러나 이 경우에서 매립업자인 이 사장님은 그냥 일상적으로 하듯이 다른 땅을 얻어서 매립을 했다면 투자수익은 0원이었을 텐데, 이 한 번의 판단과 실천으로 24억 땅에서 대출금을 제하고도 14억이나 되는 대박을 터트린 것입니다. 물론, 다른 투자자들도 일반적인 투자를 했다면 15억 원 수익이 21억 원 수익(140%)이 되었으니, 일반적인 투자자보다는 40%나 더 많은 수익을 올렸다는 겁니다.

그럼 이런 미친 짓을 한 나는 과연 어찌 되었을까요? 궁금하시지 않은가요? 일반적으로 십여만 평을 혼자 소개도 못 하지만, 해주어 보았자 업자로부터 2~3백만 원 받으면 잘 받았을 겁니다. 그런데 1만여 평을 25억에 중개를 했으니 법정수수료가 양측 1.8%, 4,500만 원 중에서 약 1/3이라 해도 1,500만 원 받았을 것이고, 이렇게 잘 되었는데 나중에 감사 인사로 사례받지 않았을까요?

또한, 이때 일부는 투자를 직접 했다고 했으니 거기서 얻어진 수익이 140%라고 나오는데, 이 중 70%를 대출로 했다면 약 433% 수익률이고 이자를 감안해도 400%를 넘는 수익률을 올렸으니, 이보다 더한 투자가 어디에 있을까요? 실제로 남을 위하여 일한다고 했지만, 결국은 그분도 돈을 벌게 해주었고, 내 주변의 투자자들도 돈을 더 벌게 해주었고, 진짜는 내가 더 많은 돈을 벌 수 있었다는 것입니다.

이런 이야기나 사례 등을 듣거나 말할 때 생각나는 게 한 가지 있습니다. 일반인은 돈을 "누가 얼마나 벌었대?", "얼마나 벌었네."라며 번 돈에 관심이 있답니다. 그런데 부자들은 '그래, 그런 방법도 있었구나. 이렇게 했으면 어떨까?' 생각하면서 그 돈을 버는 과정, 즉 방법에 대하여 관심을 갖는다고 합니다. 과연 일반인이 돈을 벌 수 있을까요? 아니면 부자들이 돈을 벌 수 있을까요?

다 지나간 이야기이고 그때 그 시절에 가능했던 일이랍니다. 물론, 지금도 약간의 응용을 한다면 돈을 벌 수 있는 비법을 찾을 수 있지만 말입니다.

부동산 투자 재테크 얼마나 관심을 갖고 준비하고 실천하느냐에 달렸습니다. 또한, 전문가들을 얼마나 신뢰하고 올바른 판단을 하고 실천하느냐에 달렸습니다. 사람이 살아가는 한 부동산 투자는 영원히 같이 할 것이며 가진 자가 세상을 지배합니다.

17
어느 건축업자의 농지투자 이야기

때는 바야흐로 부동산경기도 좋았던 그 옛날 어느 시절의 이야기입니다. 어느 정도의 비밀보호를 위하여 시점이나 투자 위치 등은 다루지 않으려고 하니 이해 바랍니다.

평소에 모임에서 만나던 빌라나 상가 등을 건축해주는 개발업체 사장님이 있었습니다. 그동안 몇 번의 부지 소개도 있었고, 건축한 빌라를 팔아 주기도 하는 등 서로서로 도움을 주고받으며 지내고 있었는데, 하루는 조경수 문제로 골치가 아프다는 것입니다.

'아차! 바로 그거구나.' 하는 생각이 들었습니다. 그렇지 않아도 그동안 생각만 하고 있었는데 이렇게 연결이 될 줄이야! 건축을 하면 반드시 해야 하는 게 조경입니다. 그리고 지금이야 그렇지 않지만, 과거에는 준공만 떨어지면 그 조경수를 파내고 그 자리를 콘크리트 포장을 하거나 다른 용도로 사용하는 게 비일비재하였습니다. 심지어는 조경수를 콘크리트 바닥 위에다 흙을 덮고 그 자리에 심거나 심한 경우 나무를 잘라다 꽂아 놓기까지 하였으니…. 그만큼 건축업자들에게는 돈만 낭비하는 그런 골칫덩어리였던 것입니다. 물론, 지금은 환경도 생각하고 자연 친화적이라 이런 일은 거의 없습니다.

나는 다른 여러 가지 투자사례를 들어가면서 농지를 구입할 것을 권했습니다. 우선 농지구입비의 절반만 있으면 대출을 끼고 농지를 구입하면 건축 두세 번만 하면 본전을 뽑을 수가 있다고 설명을 했습니다.

처음에는 반신반의하더니 차츰 내 생각에 빠져들게 되었고, 2,000여 ㎡의 농지를 1억 5천만 원에 구입하게 되었습니다. 그리고는 그해 가을에 50센티 이상 복토를 하고 밭으로 만들었습니다. 물론, 4미터 정도의 농로가 있는, 차량 통행이 가능한 농지를 구입했습니다. 총투자비용은 7천만 원 자기자본에, 8천만 원 대출로 첫 투자를 하게 되었습니다.

이듬해부터는 다세대 건축이 붐을 이루면서 대지구입비 등 사업비를 딴 데다 썼다고 투덜대는 것을 다른 동업자나 투자자들을 끌어들이면서 다세대 건축에도 적극 참여시켰습니다. 건물 하나를 준공하려면 당시에 조경사업비로 작게는 3천만에서 5천만 원씩 들어갔습니다. 그런데 사업을 한 후 나오는 조경수 구입비용이 20~30% 정도이니 적지 않은 돈이었습니다. 준공 후에 이런 조경수를 밭으로 옮겨다 심도록 했습니다. 나무는 뽑아버리면 되고, 아니면 조경업자 보고 가져가라고 하면 되는데, 쓸데 없는 일로 시간 낭비하고 돈 날린다고 투덜대면서도 잘 따라 주었습니다. 상가 건물을 지을 때는 이런 조경 사업비용이 훨씬 커지고 조경수의 가치도 높은 것들이 많은데, 1년여를 이렇게 하면서 다른 업자들이 처치 곤란해하는 것도 갔다가 심다 보니 어느새 2,000여 제곱미터 땅이 부족해지는 것이었습니다.

그런데 이제는 뽑아다가 심어만 놓는 것이 아니라, 아예 조경업 등록을 해버렸습니다. 그리고 여기서 조경을 맡아서 하게 되니 조경비용까지 수익으로 돌아오게 되었습니다. 물론, 조경수를 관리하는 관리자를 두기는 했지만….

그해 겨울에는 다시 농지를 추가로 구입할 수밖에 없어서 또다시 2,000여 제곱미터를 2억 원에 구입하게 되었고, 먼저 산 농지와 지금 사는 농지에서 대출만 받아서 구입을 하게 되었습니다. 그러고는 건축하는 현장에서 나오는 것들을 선심 쓰듯이 캐다가 밭에다 심고 가꾸게 되었고, 이제는 본격적으로 다른 업자들의 조경까지 맡아 하게 되고, 부수적으로 쓰지 않는 조경수는 갖다 심었다가 다시 쓰고, 그야말로 도랑치고 가재 잡고 하는 그런 사항에 이르게 되었으며, 또다시 농지가 부족해지는 상황이 되었습니다.

그래서 이번엔 5,000제곱미터를 5억 5천만 원에 또 구입하게 되었습니다. 그러고는 역시나 조경수를 재배도 하고 판매도 하고….

자! 일반적인 투자자들이 좋아하는 "얼마 넣어서 얼마 벌었대?"하는 투자내역을 한번 살펴보겠습니다. 처음에 2,000제곱미터를 1억 5,000만 원에 구입하면서 7천만 원 투자하고 8천만 원 대출받고, 다음에 2,000제곱미터를 2억 원에 구입하면서 2억 원 대출받고, 마지막으로 5,000제곱미터를 5억 5천만 원에 구입하면서 2억 5천만 원 투자하고 3억 대출받고, 총 9,000제곱미터의 농지를 3억 2천만 원 투자하고 5억 8,000만 원 대출받아서 보유하게 되었으며, 모든 대출금 상환하는 7년간의 대출금 이자가 대략 1억 8,000여만 원이 들어갔으니, 총 땅 구입하는 데 들어간 투자금은 원래 구입비 3억 2,000만 원과 이자 1억 8천만 원인 5억 원이 투자되었으나, 부동산경기가 좋을 때에 처음 구입한 농지가 재촌자경 8년이 좀 지난 9년 차에 4억원에 매도하여 양도세 감면받고 전액을 대출금 상환에 사용하였습니다.

지금 7,000제곱미터의 땅 가치는 꼭지보다는 다소 내렸지만, 그래도 15억 원은 훨씬 웃도는 가격이니 투자금 5억 원에 대하여 10여 년의 세월에서 약 2배 이상의 순자산가치가 올랐으면 괜찮은 투자 아닌가요?

여기에 더해서 건축사업에서 가장 골치 아팠던 조경문제를 해결할 수 있었으며, 그동안 조경사업 등에서 추가적으로 수익 올린 것까지 하면 4~5배의 엄청난 수익을 올렸습니다.- 사실은 중간에 돈 벌어서 다 갚았는데 좀 더 글로 풀어 설명하려고 한 거예요.

지금은 농지도 많이 가지고 있고 대출금도 다 갚으신 상황이며, 더군다나 큰 도로변에 있는 농지는 지금 구입가의 4배가 넘게 올랐습니다.

이렇게 단순한 농지투자만이 아니라 사업과 연계하여 투자를 하게 되니, 그 수익률은 물론이고 사업에서의 우위성까지 담보하는, 그야말로 꿩 먹고 알 먹고 투자법이었습니다.

지금은 고향에도 산을 구입해서 일부에는 조경수와 유실수를 재배하고 있고, 부동산경기가 좋지 않은 지금도 다른 사업자보다는 우위에서 사업을 해 나가는 사업 안전성까지 이루게 되니, 이제야 그 고마움을 아시고는 지난해에는 윤 사장님, "요즘 어려우시지요?" 하면서 금일봉을 주고 가는 매력 덩어리로 변했습니다.

부동산 투자라는 것은 구입해서 어떤 개발을 하여야만 가치가 높아지는 것이 아니고, 자기가 하고 있는 사업이라든가 다른 방법으로 최유효 이용을 하는 것이 더 나을 수도 있다는 것을 직접 경험하고 알게 해준 소중한 투자였었습니다.

나도 그동안 막연히 생각만 하였던 것을 좋은 분을 만나서 직접 투자로, 이용으로 활용하고 성공시킬 수 있는 기회가 되었으니, 이보다 더 소중한 경험이 어디 있을까 하며 항상 다른 사업들과 부동산의 연계성을 살펴보는 습성을 가지게 되는 좋은 기회였습니다.

언제나 부동산의 가치를 상승시키는 것은 최유효이용을 찾는 것이고, 개발이라 하는 것도 그 방법 중의 하나라고 보고 활용해 가고 있습니다.

이 외에도 사업을 하시는 많은 분의 사례가 너무나 많이 있지만, 아직은 농지투자에서 성공할 수 있기에 여기에서 다 소개하지는 않겠습니다.

　요즈음은 나무 재테크라는 책이 나와서인지, 아니면 나무를 심어서 재미를 본 사람들이 많아서인지 농지에 나무를 재배하는 사람들이 많아졌지만, 이 역시 판로 등 최유효 이용으로 가치 상승이 될 수 있는지를 판단하고 실천해야 할 것입니다. 농지투자는 쉽고도 어렵습니다. 그러나 한번 해볼 만한 투자가치가 무궁무진한 부동산이기도 합니다. 여러분도 한번 도전해 보십시오. 기회는 누구에게나 주어집니다. 그 기회를 잡고 못 잡고는 오직 당신의 능력입니다.

18
소규모 농지에 투자하려는 분들에게

이번에는 현재 정책을 이용한 농지 투자에 대해 이야기하고 자 합니다. 지금도 많은 분이 1,000㎡ 이상의 농지 투자를 꺼리고 1,000㎡ 미만의 주말체험 영농농지를 구입하려는 것을 보면 참으로 안타깝습니다. 더군다나 소위 기획부동산이나 부동산 컨설팅 업자 등이 300여㎡ 단위로 쪼개 놓은 전원주택 부지에 투자하시는 분들을 보면 너무 답답합니다(이를 다 말로써 설명할 수도 없고 내가 유명세가 있어서 달리 알릴 방법도 없습니다).

전원주택 부지 등을 분양하는 것이 모두 나쁘거나 잘못되었다는 이야기는 아닙니다. 직접 개발하거나 또는 특화된 단지 조성 등에 있어서는 이분들이 적극적으로 나서야만 합니다. 다만, 개인적으로 전원주택 등에 투자하려는 아주 일반적인 투자자들에 대한 이야기입니다. 지금 주말체험 영농이나 소규모 농지에 투자하려고 한다면 2013년까지가 기회입니다. 도시민이 농지에 투자할 수 있는 절호의 기회를 준 시기라고 말할 수 있습니다. 바로 비사업용 토지의 양도소득세 중과세 유예기간이기 때문입니다. 이때까지 사는 부동산은 언제 팔더라도 양도세 중과세가 아니라 일반과세 라는 것입니다. 그것이 어쨌다고? 이렇게 생각하신다면 한참 뒤처 진 생각입니다. 바로 투자의 호기를 모르기 때문입니다.

우선 1,000㎡ 소규모 농지를 주말체험 영농으로 구입하는 것이나 1,000㎡ 이상 농지를 구입하는 것이나 농지취득 자격증명을 발급받는 것은 같습니다. 다만, 다른 것은 주말체험 영농은 적당히 농사를 지으면 되고, 일반농지는 반드시 자경해야 하는 것이 조금 다르다면 다르지만, 실제에서는 무엇이 다른지 거의 구분이 안 됩 니다. 1,000㎡나 2,000㎡ 농사나 규모의 차이일 뿐이라는 말입니 다. 너무 커서 농사를 못 짓는다? 그럼 과수 등 유실수를 심으면 어 떨까요? 이처럼 운영의 묘이지 규모의 차이는 아니라고 봅니다.

다음으로, '소규모 농지는 수요자가 많으니 가격도 비싸다. 조 금 큰 면적은 가격도 싸다.' 이건 부동산에 투자하는 분이라면 누 구나 다 아는 사실입니다. 이를 안다면 혼자 가는 것보다 친구나 친척 등이 몇 명이 같이 투자하면 더 좋지 않을까요? 그렇게 해서 큰 땅을 사고 분할하면 되고 그럼 항상 같이 할 수 있는 사람들이 있어서 좋을 것입니다.

이제 더욱 현실적으로 이야기해 보겠습니다. 수도권에서 조성한 임야든 농지든 간에 전원주택지로 조성해 놓았거나 분할 가능하게 하여(또는 분할하여) 나온 물건들은 대부분이 3.3㎡당 40만 원 이상이라고 보면 될 것입니다. 그럼 그 주변에 있는 임야는 대략 1/3이고 농지는 1/2이라고 보면 맞습니다. 500㎡를 살 돈이면 농지로 1,000㎡ 이상을 구입할 수 있습니다. 그럼 두세 명, 아니 그 이상이 같이 구입한다면 큰 땅도 구입 가능하지 않을까요? 분할만 하면 벌써 배는 오른 것이나 다름없지 않은가요?

물론 지금 구입하는 부재지주 농지는 장기보유 공제는 없다고 하지만, 주말체험 영농농지를 구입하는 분들이나 전원주택 구입하는 분들이 어디 장기보유 공제만을 생각하고 하나요? 그냥 농사도 좀 짓다가 나중에 집 한 채 짓고 살 수 있는 곳을 대부분 원합니다.

또 지금 일반농지를 구입한다면 전원주택도 마련할 수 있고 장기보유 공제도 얼마든지 받을 수 있다는 것을 살펴보고자 합니다. 농지를 2,000㎡를 구입했다고 합시다. 1,000㎡는 일반 주말체험 농장으로 운영하듯이 하고 1,000㎡는 유실수를 심어보면 어떨까요? 이렇게 한다면 자경 요건을 충족하는 것이라 할 수 있습니다. 처분 명령이라는 것은 받지 않을 수 있다는 것입니다. 이렇게 몇 년을 하다가 전원주택을 짓고자 한다면 농림지역이나 자연환경보전지역이 아니라면 집을 지을 수 있습니다. 물론 주말체험 영농에 대한 전용에서도 이는 조건이 같다 할 수 있으나, 주택의 면적에서는 차이가 있습니다. 그런데 이런 곳의 농지도 이곳으로 이사하여 6개월이나 1년이 지나면 농가주택을 지을 수 있습니다(한 가지 정보를 덤으로 주었습니다).

여기에다가 앞에서 장기보유 공제받을 수 없다고 했는데, 이곳으로 이사를 와서 2년 이상 재촌 자경한다면 장기보유 공제도 받을 수 있습니다. 3년 이상 재촌 자경하여 팔고 다른 농지를 구입하면 양도세 1억 원도 감면받을 수 있습니다. 더 좋은 곳에 농지를 사서 전원주택을 지을 수 있는 방법입니다.

이처럼 많은 방법이 있고 구입에서도 싸게 할 뿐 아니라 보유하면서 처분하여 수많은 혜택을 누릴 수 있습니다. 이렇듯 주말체험 영농이나 이미 조성된 전원주택 부지를 구입할 필요가 없습니다. 그런데 그런 이들을 보면 몰라서 하는지, 귀찮아서 쉽게 하려고 하는지 모르겠지만, 참으로 울화통이 터지고 답답합니다.

물론, 테마형 전원주택같이 어떤 목적으로 하는 경우는 좋은 방법입니다. 그러나 그냥 전원생활하고 싶어서 하는 것이라면 아니라는 것입니다. 그리고 친지나 동호인 등 몇 사람이 같이 한다면 투자비용도 최소화하고 가장 무서운 적인 외롭거나 무서움도 줄어들 것입니다.

이런 방법을 소개하면 개발업자나 소위 말하는 '부동산 컨설팅'에게 욕먹고 야단맞을 짓이라서 그동안 하지 않았습니다. 그런데 너무나도 당하는 분이 많아서 이제부터라도 몰라서 당하는 일이 없기를 바라는 마음에서 상기시키는 것입니다. 제발 좀 정신 좀 차리고 제대로 된 투자를 해보기 바랍니다. 얼마든지 부동산 투자의 길은 열려 있습니다. 아무렇게나 해서는 돈 벌 수 없습니다. 더군다나 전원주택 투자는 투자하는 순간부터 손해라는 것은 알고 있을 것입니다. 그러나 여기서 제시한 방법이라면 투자이득도 볼수 있다고 생각하며, 이와 같은 일거양득의 투자방법을 심사숙고하여 투자하길 바랍니다.

지금은 부동산 투자, 특히 농지 투자에 길이 활짝 열려 있습니다. 그렇다고 아무 곳에나 아무렇게나 투자를 해서는 안 됩니다. 수도권이나 대도시 인근지역에서 멀지 않은 곳이면서도 향후 발전 가능성이 있는 곳이 좋습니다. 물론 다소 투자비용이 더 들 수는 있겠으나, 자녀나 친지, 아니면 지나가는 나그네라도 자주 만나고 볼 수 있는 곳이라야 하겠지요. 풍광 수려한 저기 태백산이나 지리산에 들어가서 살 수도 있습니다. 하지만, 인간으로서 문화, 복지 등, 특히 의료 혜택을 받을 수 있는 곳이라야 투자 가치가 있습니다. 투자 가치가 있는 곳을 찾아서 주말체험 영농의 $1,000\,\text{m}^2$ 미만의 땅이 아니라, 면적을 가리지 말고 주말체험 영농도 하고 나중에 전원생활도 가능한, 가장 중요한 투자로서의 가치가 있는 곳에다가, 혼자 아니면 몇 명이 함께 투자하는 농지 투자를 적극적으로 검토하고 실천에 옮겨 보길 바랍니다.

글로벌 금융위기로 인한 부동산시장 침체의 긴 터널에서 탈출하려는 시기이기도 하고, 정부에선 비사업용 토지의 투자 시에도 일반세율로 제도를 완화해 주는, 시장과 정부의 정책이 투자를 유도하는 지금이 바로 농지 투자의 호기입니다.

Part 3

돈 되는
농지 투자 재테크

시작하며

이번 장에서는 농지 투자로 돈을 벌려면 어떻게 해야 하는지, 어떤 마음가짐으로 임해야만 성공할 수 있는지 한번 살펴보고자 합니다.

농지 투자대상은 생산성 있는 농지, 즉 농사를 짓는 농지에 대한 투자가 아니라 가격이 폭등하였거나 도시근교 등에 있는 농지로서, 이미 농지로서의 생산성 기능을 상실한 농지를 대상으로 한다고 하였습니다.

일부 사람들 외엔 꼭꼭 숨겨진 돈 되는 농지 투자를 과연 어떻게 해야 하는지 이번 장에서 다시 한 번 짚어 보려 합니다. 지금까지 함께 해오신 여러분은 그 답을 알고 있습니다. 일반인들도 대부분은 다 알고 있습니다. 다만, 알고만 있을 뿐 투자로 실천하지 못하고 있었던 것일 뿐입니다.

또한, 이번 장에서는 꼭 농지에 국한하지 않고 투자자들의 잘못된 투자심리와 잘못된 투자 사례, 투자 시 주의점 등을 주지하여 앞으로 부동산 투자에서 다시는 그런 실수가 없도록 하는 지표로 삼고자 합니다.

돈 버는 농지 투자란 특별한 비법이 있는 것이 아니라 똑같은 실수를 하지 않고 제대로 된 투자를 하는 것이라고 생각합니다. 이제부터 여러분이 고대하는 농지 투자 비법? 그러나 비법이 아닌 평범한 진리를 앞으로 여러분과 함께 풀어 가도록 하겠습니다.

부동산 투자의 성공 여부는 얼마나 관심을 두고, 얼마나 준비를 철저히 하고, 기회가 왔을 때 얼마나 과감하게 실천하느냐에 달렸습니다.

1

'땅 따먹기' 놀이를 아시나요?
- 인류 역사는 어차피 '땅따먹기'로 이어져 온 것 아닌가…

어린 시절에 하던 '땅따먹기' 놀이를 기억하십니까? 둥그런 원이나 사각형으로 크게 둘레를 그어 놓고, 그 안에서 각자의 뼘으로 돌려서 자기 영토를 만들고, 사금파리 등으로 튕겨서는 3번 만에 자기 집으로 들어오면, 그만큼 자기 땅이 넓어지는…. 그것뿐인가, 나갔다가 자기영역으로 돌아오면 보너스로 자기 뼘으로 돌려서 한 귀퉁이를 더 먹을 수 있었던 놀이입니다. 물론, 여기서도 3번 만에 자기 영토에 들어오지 못하면 아웃이었습니다. 따라서 욕심을 많이 부리다 놓치는 아이도 있고, 조금씩 안전하게 하는 아이도 있었습니다. 지금의 젊은이나 아이들은 잘 모르는, 기성세대의 놀이였다고 치부하기에는 좀…. 인류 역사에서도 동서고금을 막론하고 각종 전쟁의 이유는 땅따먹기, 즉 영토 확장 때문 아닐까요? 가끔은 여자로 인한 것도 있지만….

이러한 땅 따먹기 놀이를 하면서 자라온 게 기성세대입니다. 해방과 전쟁의 폐허에서 살아남기 위한, 악착같은 기질을 가진 부모님들의 세대를 보면서, 놀이지만 땅을 확보하기 위해 피나는 놀이를 벌였습니다. 그만큼 우리에겐 뿌리 깊이 땅에 대한 소유욕이 있었던 것이 아닐까요? 그들이 지금 이 시대, 투자의 정점에 서 있다고 할 수 있습니다. 배고픔의 사회를 해결하고, 산업사회를 견인하여 이 나라에서 배고픔을 없앴던 그들이 말입니다.

이제 먹고사는 문제는 대부분 해결되었습니다. 그럼 남은 것은 땅 따먹기? 어려서부터 잠재된 부동산에 대한 갈망이, 이제 악착같이 모아온 재산으로 그 갈망을 해결하려는 것 아닌가 합니다. 자기만의 해소가 아닌 내 자식에게까지, 그래서 아파트도 한 채가 아닌 두 채, 세 채, 그리고 땅도 고등학생, 심지어 젖먹이에게까지, 그래야만 직성이 풀린다니 예쁘게 봐줄 수도 있습니다. 내가 고생하였으니 너희는 좀 편히 살라는 의도일 테니 말입니다.

이제는 그들의 땅 따먹기 놀이가 확산하여 캐나다로 호주로, 캄보디아까지 전 세계로 점점 더 넓어져 가고 있습니다. 끊임없이 뻗어가는 우리네의 땅 따먹기 놀이를 정부에서는 억제하지 말고 장려해 주어야 할 것이라고 봅니다. 땅 따먹기 놀이란 것이 원래가 자기의 노력에 의한 땅의 확보는 물론이고 보너스까지 주어지는 그런 것임을 알려주어야 하지 않을까요? 그래야만 개인적으로는 작은 땅부터 수만 평을 소유하고자 하는 욕망이, 그리고 그 욕망이 대륙으로 진출하고자 하는 욕망으로 발전하지 않을까 합니다. 물론 욕심을 부리면 손해를 본다는 것도 말입니다.

부동산은 인류가 생존하는 한 존재가치가 있다고 봅니다. 그렇다면 당신은 어찌하여야 합니까? 물론 공익적, 사회적인 이용가치가 공존하는 것도 사실입니다. 그렇다고 어제가 오늘같이 오늘이 내일같이, 그렇게 살아가야 하나요? 부모님이 가난했으니 나도 가난해야 하고, 내 자식도 가난해야 한다고 생각하십니까? 본인은 열심히 일만 한다고 잘살 수 있다고 보십니까? 물론 먹고 사는 데는 지장은 없을 정도로 살아갈 수 있지만, 문제는 잘살 수 있느냐 없느냐 차이지요. 잘산다는 것은 열심히 살면서 얼마나 재테크에 관심을 두고 투자하여 수익을 내며 여유로운 삶을 살아가느냐의 문제라고 봅니다. 자녀 교육도 마찬가지 아닌가요?

지금이라도 부동산에 투자하고자 하십니까? 재테크를 통한 부를 이루고 싶으십니까? 그렇다면 준비하십시오. 매일같이 책을 보고, 세미나도 가고, 현장도 가고, 그리고 성공한 사람들을 만나 보십시오. 그가 부자여도 좋고, 그가 권력자라도 좋고, 그가 사업가라도 좋고, 그도 저도 없으면 이웃에서 잘난 사람하고 어울려 보십시오. 그리고 꿈을 가지십시오. 물론 실현 가능한 꿈으로 현실성이 있는 것에 목표를 두십시오. '저것은 내 것이다.'라고. 그것이 땅이든, 상가든, 아니면 직장이든, 그리고 그 꿈을 실현할 공부와 준비를 하고 실천을 하십시오.

땅 따먹기 놀이 이것은 영원한 테마입니다.

2

값 오르는 부동산을 찾아 투자하라!

오르는 부동산을 찾아 투자한다면 부자가 되지 않을 사람이 없을 것입니다. 그렇다면 과연 오르는 부동산을 찾을 수는 있을까요? 오르는 부동산 찾기는 가능할까요? 물론, 경우에 따라서 한두 번은 가능할 수도 있을 것이라고 봅니다. 또는 개인의 능력이나 특별한 정보로 한두 번은 성공할 수도 있을 것입니다. 그러나 이러한 투자처를 매번 찾는다는 것은 있을 수 없는 일입니다. 다만, 전문적으로 또는 정확한 정보로 어느 정도의 근사치로 접근할 수는 있을 것이라고 봅니다.

우리 보통사람들에게 그런 가능성은 얼마나 될까요? 그야말로 희박한 확률 게임이 되겠지요. 그래서 우리는 언론 등에서 나온 정보를 가지고 우르르 몰려가서는 코피 터지고 나오는 것이 아닐까요? 그렇다고 부동산이 폭락하니 투자를 해서는 안 된다는 말에 동조하여 투자하지 않는다면 아마도 부자로 살아가는 길은 그만큼 멀어질 것이라고 봅니다. 부동산이 한번 폭등하고 나면 한동안은 침체와 하락기간을 거치게 되고, 그럴 때면 으레 나오는 말이 부동산은 이제 끝났다는 것입니다. 그래서 그동안 그분들 말 들어서 부자 되셨습니까? 주변에 그렇게 해서 부자 되었다는 이야기 들어 보셨습니까? 경기는 회복-상승-하락-침체 등의 일정한 패턴으로 끊임없이 반복하며 이어지고 있습니다. 마치 봄, 여름, 가을, 겨울을 겪으며 세월이 가는 것과 같은 이치입니다.

부동산 투자니 투기니 하는 것은 이 넓은 땅에 몇백만 명이 살던 조선 시대에도 제재를 가하고 단속을 하였다는 기록이 있다고 합니다. 뭐 그 시절까지는 그만두고라도, 최근 근대사에서도 그렇습니다. 그럼 그때 투자하신 그분들은 그 이후로 부동산이 곤두박질쳐서 모두 알거지가 되었나요? 하우스 푸어가 되어서 지금도 헤매고 있나요?

선진국에서는 이미 주택보급률이 100%를 넘었으니 부동산이 하락하고만 있나요? 선진국의 보급률로 본다면 우리는 아직도 턱도 없는 수준이란 건 아시지요. 물론, 주거용 부동산은 그동안의 상승폭이 다소 더뎌지거나 일부 조정될 수도 있습니다. 그렇다면 부동산에는 주거용, 즉 아파트만 있나요? 부동산시장은 우리 생활과 밀접하게 얽혀서 정말 다양한 종류가 있고, 투자하는 방법 또한 다양한 방법들이 있다는 것을 항상 염두에 두어야 합니다.

좋은 투자처를 찾는 방법

도로가 개설되는 곳이나 개발이 가능한 지역 등은 부동산 투자에서 호재지역은 물론 투자가치가 있다고 말할 수 있습니다. 또한, 경기에 의한 회복이나 상승세를 타면 무임승차할 수도 있습니다. 아파트에서는 교통이나 학군 쾌적성 등등이 조건이 될 수도 있고, 상가나 공장 등 수익성 부동산들은 유동인구나 산업입지 등에 의하여 좌우될 수도 있으며, 토지에서는 개발 등이 호재가 될 수 있을 것으로 봅니다.

부동산 투자에서는 이를 이용하거나 사용하는 수요자층을 분석하는 것이 매우 중요합니다. 그렇지만, 대부분 투자수요 예측은 현재를 보는 것이 되고 맙니다. 부동산 투자는 미래를 사는 것입니다. 향후 내가 팔고자 하는 시점에서의 그 지역의 발전상을 보아야 하고, 내가 아닌 미래의 투자자가 선호하는 지역이라야 합니다. 그리고 미래에 많은 사람이 갖고 싶어하는 부동산이라야 합니다. 미래에 투자 가치가 있는 부동산이 되려면 그러한 위치에 있거나 그런 조건을 갖춘 부동산이라야 합니다. 입소문과 심리가 더 큰 작용을 합니다. 대부분의 우리네 일반인들은 언론에서 정보를 얻고 움직이기 때문에 언론기사를 분석해서 돈 될 곳을 찾아내어 투자하는 능력을 키워야 합니다. 이것이 우리네 보통 사람들이 성공할 수 있는 투자방법입니다.

부동산 투자에 대한 좋은 글도 많고 전문가들의 좋은 말도 많이 나와 있습니다. 이분들의 말을 믿으라는 것이 아니라 그 말들이 어떠한 영향을 미치고 있는지를 읽어야 합니다. 그분들은 투자에서 모두 성공한다고 믿나요? 아닙니다. 그분들이 그렇게 잘 알 수 있다면 우리에게 이야기해 줄까요? 나 자신도 부동산 중개 컨설팅을 하고 있지만, 반드시 ~라는, 몇%라는 명제로 출발한다면 불가능하다고 봅니다. 다만, 여러 가지 정보나 자료를 분석해서 돈이 될 수 있는 물건을 추천하는 것뿐입니다.

지금의 부동산 경기나 현황을 보지 말고 내가 팔고자 하는 시점의 부동산 현황이나 경기를 그려 보아야 합니다. 그리고 그 물건에 투자할 수요자층이나 그 물건에 혹할 만한 재료가 있는지를 살펴야 합니다. 즉, 투자 수요자층을 직접 파악해서 겨냥하되 그 심리를 파악해야만 합니다. 바로 시장, 즉 투자자들이 움직이는 것을 살펴야 합니다. 물론, 투자자들의 움직임은 현재는 물론 미래 매도 시점의 큰 흐름을 파악해야 합니다.

농지 투자 어디에 어떻게 할까?

토지의 경우는 이를 활용하는 수요층에 따라서 가격이 결정된다고 보면 됩니다. 물론 모든 부동산이 그러한 속성이 있지만, 토지의 경우는 더욱 그러한 성향이 강합니다. 즉, 어느 곳에 토지 한 필지가 있다고 가정할 때 농사를 짓는 분이라면 아마도 3.3㎡당 3만 원이 넘는다면 농사를 지어서는 수지를 맞출 수 없을 것입니다. 전원주택이나 주택을 지으려는 분이라면 50만 원~200만 원이라도 되겠지요. 창고나 공장을 지으려는 분이라면 아마도 50만 원~100만 원 정도까지 무난한 가격이 될 것입니다. 주유소나 가든을 지으려는 분이라면 100만 원~200만 원도 가능할 것입니다.

토지 투자는 이처럼 용도, 기간, 개발 등 여러 가지 방법이 있습니다. 묻어두기 장기투자나 바로 개발해서 직접 활용하려는 투자 등 토지를 투자하는 목적이나 기간 자금 등에 따라 그 투자방법 등이 매우 다양하기 때문입니다.

묻어두기 장기투자는 과거에 우리 땅 부자들이 많이 하던 투자 방식이라 할 것입니다. 개발해서 직접 이용하거나 매도하는 방법은 단기에 많은 차익을 거두기 위한 수단으로 요즈음에 많이들 하는 방법입니다. 어느 방법이 더 좋고 나쁘다고 구분 지어 말할 수는 없습니다. 또한, 수익률 면에서도 어느 것이 더 좋은 방법이라고 말할 수도 없습니다.

묻어두기 식 장기투자(경우에 따라서는 단기도 될 수 있음) 방법으로는 신도시나 택지개발 등 개발지역의 보상금이 흘러나올 수 있는 곳의 바로 인근지역에 투자하는 방법이 좋습니다. 개발을 위한 투자라면 전원주택, 공장, 창고, 가든 등 수요자가 원하는 지역에 있는 토지를 구입 개발해서 수요자에게 넘겨주고 차익 실현을 할 수 있는 곳의 토지가 좋습니다.

다만, 투자의 방법에서 굳이 한 가지 팁을 드리자면, 전문가이거나 전문적인 지식이 적은 일반인이라면 굳이 개발을 위한 투자는 권하고 싶지 않습니다. 개발을 하는 과정에서 측량, 설계, 토목공사, 건축공사 등을 하는 업자들에게 주는 것이 너무 많습니다. 또 절차나 방법 등을 몰라서 그들에게 일임하게 되어 끌려다니면서 겪는 금전적, 심적, 그리고 기타 스트레스를 견디어 내기 쉽지 않습니다. 이 과정에서 부동산 투자에 넌더리를 낼 수 있으며, 실제로 수익률도 그리 높지 않은 것이 또한 사실입니다. 그러나 잘 진행되는 투자에서는 1~2년 이내에 바로 투자 성과를 봄으로써 투자에 대한 결실을 이루는 즐거움을 만끽하고, 새로운 투자에 대한 매력을 느낄 수 있기도 합니다.

토지 투자에 대한 몇 가지 사례

장기적으로 묻어두기 투자를 하는 부자들은 그 투자방법이 있습니다. 현재 보기에는 그냥 평범하나 장기적으로 개발이 이루어질 곳이라든지, 아니면 도로 등이 개통되어 향후 발전 가능성이 있을 곳의 저가 토지에, 10년 이상을 내다보고 묻어두기 투자를 하고 기다리는 게 전형적인 방법입니다. 이처럼 10년이면 10배 정도는 오른다고 보고 개발계획이 발표될 곳에 선투자하는 방법이 가장 좋습니다. 소위 말하는 '고급정보'를 가지고 투자한다고 하는데, 이는 장기적인 투자와 자금을 요구하게 되고 실현가능성도 50:50 정도로서 불확실성이 크므로 일반인이 좋아할 필요는 없다고 봅니다. 그보다는 개발계획이 있을 곳은 이미 몇 년 전부터 소문이 나므로 그 지역에서는 대략 짐작할 수 있습니다. 또 부동산에 관심이 많은 분이나 전문가들은 발표되는 정책이나 공약을 보고 개발계획이 있을 곳을 미리 예측하게 됩니다. 이에 따라 늦어도 개발되기 몇 년 전에는 그러한 정보를 알 수 있으므로 이를 잘 활용하는 방법을 권합니다.

다음으로는 개발계획이 발표된 곳에다 투자하는 방법입니다. 과거의 투자법은 별로 도움이 안 되는 방법이니 생략하고, 요즈음 이런 곳에 투자하려는 경우 단독택지나 상업용지 대토를 받을 생각으로 투자한다면 한번 시도해볼 만합니다. 그러나 일부에서 많이 하고 물의가 일어나는 영농 보상이나 상가나 아파트 입주권을 노리는 투자라면, 대부분 발표가 난 후에는 자격이 없으므로 실익이 없으며, 또한 이제는 투자도 불법이 아닌 정당한 투자자로서의 자세를 가져야 한다고 볼 때 이런 보상 등을 노린 투자라면 절대 하지 말아야 할 방법입니다.

또 개발계획이 발표된 곳의 그 인근지역, 즉 보상을 받고 나오는 분들이 새로 투자할 지역에 미리 투자를 하는 방법이 있습니다. 해당 지역이 농지가 대부분이고, 그 지역 주민이 농사를 짓고 있다면 그 지역에서 멀리 안 가고 주변에서 대토 농지를 구입할 것입니다. 따라서 그 주변의 농지를 사 놓고 있다가 3~5년 후 보상을 받고 대토하는 분들에게 넘겨주는 투자 방법입니다. 물론 이분들에게 상가 등의 수요가 있으나, 상가 등은 요즈음 멀리 튀기 하는 성질이 있어서 대체수단용 투자로서는 종잡을 수가 없다 할 것입니다.

이는 농지뿐만 아니라 뉴타운 재개발에서도 같은 맥락으로 보기 바랍니다. 개발되어 이주가 될 무렵에는 주변에 전세로도 가지만, 개발지역 내의 자산을 처분하고 주변지역에 주택을 구입하게 됩니다. 이는 자녀 학교문제 등으로 멀리 이주하지 못하고, 또 입주하려면 자기 부담 등의 어려움으로 인해 입주권을 처분하고 새로 주택을 구입합니다. 따라서 이런 분들이 구입할 만한 것으로 이들의 이주시기에 적당한 수익률을 계산하여 그들의 대체수요에 맞는 주택 등을 구입하였다가 매도하라는 것입니다. 즉, 현재 뉴타운 재개발지역의 일반적인 거래규모가 3억 원이라면 주변지역 2~3억 원 규모의 주택 등에 투자합니다. 그러면 이주 시에 3~4억 원 이상이 될 것이고, 그들이 구입하기에 적당한 주택입니다.

오르는 부동산이란 미래에 발전 가능성이 있거나 수요자가 좋아할 물건이라야 합니다. 바로 이런 부동산을 찾아서 투자해야 합니다.

3

정부 정책이나 대책에서 숨은 '대박'을 찾아라 – 정부 정책이나 개발계획, 그리고 대책에 돈 버는 길이 있다

우리는 정부 정책이나 대책이 나오면 바로 그 시점에서 그 내용만을 보곤 합니다. 정부의 정책이나 대책 중에는 당장 시행하는 것들도 있지만, 중·장기를 내다보는 숨은 대책이나 정책이 있는 경우가 대부분입니다. 이 숨어 있는 내용을 알고 미리 대처한다면 부동산 투자에서는 바로 성공하는 지름길이라 생각합니다.

어느 신도시나 도로 등 개발계획 또는 대책을 발표할 때에는 어디다 지정을 하고 어떻게 하겠다고 합니다. 그러면서 다음번에는 어떻게 하겠다는 것이 대부분 짧게 언급이 됩니다. 지금까지 시차에 따라 다소 차이가 있기는 하지만, 대부분이 이러한 형태로 차근차근 진행되고 있습니다.

부동산이나 세제 등의 대책이 나오는 경우에도 마찬가지라고 봅니다. 대부분은 그 대책을 발표하면 유예기간이란 것을 주곤 합니다. 그런데 우리는 그것이 무엇인지 직접 마주하고 나서야 허둥대는 일이 잦습니다. 어떠한 대책이 발표되면 이것이 향후에 나에게 미칠 영향이 무엇인지를 한번 생각해 보아야 합니다. 예로서 8·31 대책에서 세제를 강화하는 대책을 하면서 비사업용 토지 등은 2년간의 처분 유예기간을 주었는데도, 대부분은 그대로 있다가 나중에서야 양도세 중과세로 인하여 팔지도 못하고, 보유하기도 버거운 처지에 놓였던 경우입니다.

투자자라면 정부에서 만들어주는 판에서 놀아주어야 한다고 봅니다. 정부가 규제 강화나 단속을 하는 등 소위 난장판을 치면 몸을 숨기고 납작 엎드려야 하고, 정부가 규제 완화나 장려를 하는 등 소위 잔치판을 벌려주면 나와서 함께 먹고 놀고 춤도 추어야 한다고 봅니다.

부동산이나 모든 정책 등에서 정부는 규제와 완화를 반복한다고 보면 됩니다. 우리는 정부정책이나 대책을 충실히 따르면서 그 숨은 뜻을 헤아려서 자산을 잘 관리하고 늘려나가는 길을 찾아야 합니다. 옛날과 같이 가지고만 있던 시대는 지났다고 생각합니다.

이제 부동산 투자를 잘한다고 하는 것은 가진 재산을 사전에 증여나 분배를 잘해서 자식들이나 사회에 넘겨주는, 자산관리에 대한 재테크가 수반되는 것이며, 우리는 이러한 시대에 살고 있습니다.

혼히 고급정보를 알아야 부동산 투자로 돈 벌 수 있다고들 말합니다. 그러나 일반인들은 그렇게 해서는 돈 벌 수 없습니다. 고급정보란 우선 오랜 시간이 걸립니다. 그리고 자금이 많이 들기도 하고 내 자본이라야만 합니다. 그러나 우리 일반인은 대부분 그렇게 할 수가 없습니다. 또한, 성공 확률은 50:50 정도에 불과합니다. 그 또한 장기간 기다려야 그나마도 이루어집니다.

우리 일반인은 고급 정보가 아니라 발표된 정보를 보고 뛰어야 합니다. 지금처럼 개발계획이 발표되면 입주권이나 대토 등을 바라고 개발지역에 투자하는 방법이나, 개발예정지 인근지역에 보상받아 대토할 수요의 부동산에 투자하였다가 이주민에게 매도하는 방법을 통해 짧게는 2~3년, 늦어도 5년 이내에 확실히 오른 가격에 돈을 만지는 것이 투자입니다. 재개발, 재건축이 곧 이뤄질 지역에 투자하여 투자수익을 거두는 방법들처럼 말입니다. 이처럼 이미 발표되었거나 아는 정보를 가지고 남보다 반발 앞선 투자를 하는 방법을 찾으면 될 것입니다. 이 또한 정부나 지자체에서 발표되는 각종 정책이나 계획을 보고 판단할 수 있다는 것입니다.

도시기본계획이라는 것이 발표될 때 그 내용을 제대로 보는 분이 몇이나 될까요? 바로 그 안에 향후 개발정보와 돈이 될 수 있는 정보가 있다는 것을 아는 분만이 남들보다 조금 앞선 투자로 돈을 버는 것입니다. 이제부터 정부나 지자체에서 나오는 각종 정책이나 개발계획, 그리고 부동산 등과 관련한 대책이 발표되면, 그 내용과 이면에 숨은 내용을 파악하는 노력을 게을리하지 않을 때 당신도 부동산 투자로 부자가 될 수 있습니다.

지금부터는 오늘보다 더 나은 내일을 위하여, 또한 여유로운 삶을 살기 위하여, 그동안 소홀히 하고 지냈던 정책이나 대책 개발계획 등에 조금만 시간을 투자합시다.

부동산 투자는 규제가 심한 곳을 노려라

규제가 심하다는 것은 무엇을 의미할까요? 그만큼 많은 사람이 몰려들고 수요층이 두텁다는 의미가 아닐까요? 그렇기에 각종 규제를 가하거나 행위를 제한하면서 부동산 투자나 개발 등의 진입을 억제하는 것이겠지요. 부동산에서만이 아니라 어디에서도 누구에게나 허용되는 그런 곳에는 먹을 것이 없습니다.

티베트의 고산지대나 강원도 일부 산간지대의 험난한 암벽 위에 석청이라는 것이 있는데, 이 석청의 가치는 다른 꿀들과는 비교할 수가 없을 정도로 귀한 대접을 받습니다. 누구나 근접할 수 있는 곳에는 그 귀한 석청이 존재하지 않습니다. 30여 년 이상 된 소나무 밀생 지역에서만 송이버섯이 나옵니다. 어린 소나무 밭에는 산나물이나 자라지 그 귀한 송이가 자라지 않습니다. 그만큼 귀한 것은 구하기가 어렵고 힘들지만 얻어지는 수익은 크다는 것입니다.

수도권의 대부분 지역은 토지거래허가 지역입니다. 하지만, 동부권의 상수원보호구역이나 접경지역은 허가지역이 아닙니다. 허가지역이 아닌 곳은 거래가 쉽습니다. 그러나 주거용 이외에는 개발을 거의 할 수 없고 개발한다 해도 수요자가 많지 않아 투자가치가 없습니다. 잘 알다시피 토지거래 허가구역의 토지에 투자하려면 일정요건을 갖추어야만 구입할 수 있습니다. 또한, 허가지역은 허가 외 지역보다 해마다 상승률이 두세 배를 넘고 있습니다. 진입조건이 까다로운 만큼 투자수익률이 그만큼 보장된다고 할 수 있겠지요. 공장을 짓는 것도 마찬가지입니다. 공업지역에서는 누구나 공장을 지을 수 있지만, 이미 높은 가격에 토지를 구입해야 합니다. 결국, 공장을 짓는다 해도 그 투자이익은 적습니다. 그러나 관리지역이나 자연녹지 등에 공장을 짓고자 한다면 누구나 쉽게 지을 수 없습니다. 대신에 토지 구입 가격은 공업지역 내 토지보다 훨씬 저렴하게 구입할 수 있습니다. 그만큼 공장을 짓는데 규제나 제한에 어려움이 많지만, 그 틈새를 해결하여 공장을 짓는다면 그 수익은 훨씬 높습니다.

바로 정부 정책이나 개발계획 안에 돈을 '왕창' 버는 길이 들어 있습니다.

4
개발예정지와 그 주변 농지의 성공 투자법

여러분 파주 LCD 단지 부근을 가보셨습니까? 아니면 판교를 가보셨나요?

동탄에는? 아니면 신도시나 택지개발 하는 곳은요? 그럼 새로 난 동서고속도로나 연장도로 공사하는 곳은요?

1999년도의 일입니다. 파주에 LCD 단지가 오면 큰일이 벌어 질 거라고들 했습니다. 나보고 가 봤느냐고 묻는 이가 많았습니다. 그래서 가 봤습니다. 그런데 뭐가 보여야지요, 허허벌판인데. 당시 전문가라는 분들에게 물었지만 알려주는 사람이 없었습니다. 글쎄 모를 수도 있겠다 했습니다. 그런데 제가 오래전부터 잘 아는 땅 부자 노인에게 이야기하니 그냥 웃기만 했습니다. 그러더니 그분이 하루는 내게 와서 이틀만 자기 땅 사는데 같이 가자는 겁니다. 그리고는 무조건 차에 타라는 겁니다. 그러더니 파주로 가서는 엘시디 단지 개발한다는 주변과 월롱역 근처, 문산 쪽 등 이렇게 뺑뺑이를 돌리고는 그냥 오는 것이었습니다. 그 다음 날은 동수원 인터체인지로 빠져나오더니 삼성전자 앞으로 해서 시내까지 갔다가 다시 영통지구로 해서 기흥, 동탄, 용인을 거쳐 오면서 "아이고! 오늘은 길을 잘 모르겠어, 도대체 어디가 어딘지 알 수가 있어야지, 한 번밖에 안 왔더니." 이러고는 나에게 갈비를 사라고 합니다.

여러분 이제 눈치채셨나요? 제가 하려는 말을. 이분은 항상 "나는 가만히 있는데, 사람들이 찾아와서 자기 땅을 사달라고 해. 그래서 쓸모없는데다 땅 사 놓으면, 그 땅에 도로를 내고 신도시가 들어서고 그래. 그래서 보상받고, 그러고 나면 또 귀찮게 땅 사라는 사람들이 오고 그래서 사놓으면 또 빼앗아 가. 정말 정부 나쁜 사람들이야." 이런 말씀을 하시는 분입니다. 이분이 땅 투자의 기본을 알고 혜안을 가진 분입니다. 지금은 고인이 되셨지만 참으로 많은 것을 가르쳐 준 분입니다. 다음날부터 3일 간격으로 3번을 수원에 가서 살았습니다. 그리고 수원과 파주 지도를 놓고 분석했지요. 그렇게 하니까 희한하게 뭐가 보이기 시작했습니다(실은 이후에 파주에 떨어뜨려 놓고 2일 후에, 수원에다 떨어뜨려 놓고는 일주일 후에 데리러 온 분입니다).

　개발계획 등이 발표된 곳을 예상하는 그림을 그리려면 기존에 되어 있는 곳을 보라는 것입니다. 즉, 신도시가 발표 나면 그곳을 보고 그와 유사한 지역을 찾아보고, 그리고는 발전할 축을 찾아보아야 한다는 겁니다. 도로가 난다면 한번 현장을 보고, 그와 유사한 지역을 보고, 그리고 나들목 중 유망한 곳을 찾아야 하겠지요. 지금도 저는 길이 나면, 무엇이 생기면, 개발계획이 발표가 나면, 현장으로 달려갑니다. 그리고 그와 유사한 지역을 찾습니다.

　평창 동계올림픽이 유치된다고 할 때, 원주에서 강릉까지 연결 철도가 되면 역 주변이 발전한다고 그곳이 투자처라고 아우성일 때도, 저는 중앙선이나 태백선 아니면 충북선 역을 한번 돌아보라고 했습니다. 나중에 대박 나는 자리가 어디가 될 것 같은가요. 제 2영동고속도로가 뚫리면 대박이라고 합니다. 제1영동고속도로주변 대박 났나요. 아니면 내륙고속도로 주변 대박 났나요. 향후 휴양 시설 대박은 없습니다. 현상 유지일 뿐입니다. 제2외곽순환도로 안쪽은 어떤가요. 제1외곽순환도로를 따라 1기 신도시가 이루어졌습니다. 서울에서 이제는 거의 다 붙었지요. 제2외곽순환도로변도 비싸다고요. 제2외곽순환도로 주변과 제1외곽순환도로 주변의 땅값을 비교해보세요. 그리고 제1외곽이 발전한 지역과 속도를 보세요. 그러면 제2외곽에서 답이 나옵니다.

지도를 보세요. 지도에 돈이 있습니다. 이제부터는 부동산 재테크에 모든 초점을 맞추세요. 우선 내가 사는 주변부터 부동산 관점으로 바라보세요. 그리고 산에 오르세요. 산에 오르라니까 저 멀리 별 볼일 없는 지리산, 태백산 이런 데가 아닙니다. 서울 근교, 자기 사는 근교 산, 또 하나 내가 점찍어 둔 곳 주변 산, 이런 데 오르세요. 그리고 보세요. 도시가 형성되는 것, 쇠퇴하는 것, 새로 될 곳, 뻗어갈 곳이 보입니다.

가수 방미가 방송에서 부동산 투자 성공사례 얘기하는 것 보셨나요. 방미는 한강 다리를 걸어서 건너면서 아파트를 바라보고 투자했다고 합니다. 저는 자주 계양산으로 갑니다. 우선 중·상동 신도시와 부천지역, 계산지구, 삼산지구와 부평지역, 김포시와 고촌지역 등 기존 시가지역을 보고, 검단신도시 예정지역과 그 주변 불로지구, 장기지구, 풍무지구, 롯데에서 추진하는 골프장과 위락시설, 그리고 경인운하를 봅니다. 물론 그 주변지역들까지도 샅샅이 봅니다. 계양산 정상까지 오르면 청라지구와 경인고속도로 직선화 및 가정지구 등 대규모 개발지역을 보고, 나아가 중요한 부천, 서울, 인천, 김포평야의 농경지와 향후 개발될 곳 등과 김포공항주변 골프장 예정지, 오정물류산업단지, 제4삼산택지개발지구, 계양체

육공원 주변 골프장 건설지 등등을 보고자 하는 것입니다. 이렇게 글을 읽고 생각해 보니 주변에 개발계획이 많이 있지요.

산에 오르세요. 이렇게 부동산 관련 정보가 주변에 많습니다. 여러분 부동산 투자처는 항상 널려 있습니다. 부동산 투자 정보도 그것들을 어떻게 꿰느냐가 관건이지요. 부동산 투자로 성공하는 것은 개발지역을 찾는 것이 아니라 항상 관심을 두고 주변을 둘러 보면서 부동산에 대한 눈을 키워야만 합니다.

5

돈 버는 부동산 투자는 어떻게 해야 할까?

투자 대상을 명확히 정하고 세테크도 생각하라

부동산 투자는 어디에다 해야 하느냐는 이야기를 자주 듣습니다. 부동산 투자는 어디가 좋다 나쁘다는 편견을 가지면 안 됩니다. 그보다는 투자의 성격, 즉 자금의 성격을 가지고 판단해야 할 것입니다. 이를 다시 한 번 정리하면, 첫 번째는 자금의 성격을 분명히 해야 합니다. 투자자금의 용도에 따라 단기 또는 장기투자냐가 달라지고 투자대상은 물론 지역 등도 달라질 수 있습니다. 두 번째는 여유를 갖고 투자해야 합니다. 부동산 투자는 반드시 여유를 갖고 해야 합니다. 단기자금이나 차입자금을 갖고 투자하는 경우에는 실패할 확률이 높습니다. 세 번째는 전문가를 주변에 두어야 합니다. 부동산전문가라면 유명인사도 있을 수 있고 주변의 유능한 중개업자도 될 수 있습니다.

부동산 투자로 성공하는 법은 아주 간단합니다. 싸게 사서 비싸게 팔아 수익을 높이면 됩니다. 그럼 지방의 몇백 원 하는 땅을 사서 몇백 만 원에 팔면 될까요? 그러나 과연 지방의 그 땅을 비싸게 사줄 사람이 있을까요? 부동산도 재화로서 수요와 공급의 법칙에 따라 거래가 이루어집니다. 따라서 누구나 원하는 곳에 있는 것을 싸게 사서 비싸게 팔면 되겠지요. 여기서 싸게 산다는 것과 비싸게 판다는 것은 여러 가지 의미가 있습니다. 단순한 매도 차익을 말할 수도 있고, 개발하는 것을 의미할 수도 있고, 필요로 하는 사람에게 매도하는 것일 수도 있습니다.

그럼 요즈음 부동산관련 세금 등은 어떻게 되었나요? 농지인 경우 재촌 자경이면 양도세가 6~45%이고, 부재지주이면 양도세가 일반세율의 10% 가산세를 내고 있습니다. 재촌 자경으로 8년 이상이거나 토지수용 시에는 양도세가 1억 원 감면되지만, 부재지주인 경우에는 일반세율의 10%를 가산하여 그것도 토지수용 시에는 채권으로 받게 됩니다.

지금부터 인근에 있는 농지를 1억 원에 구입하여 3억 원에 매도한 투자 농지에 대하여 위의 산식으로 세금과 실수익을 계산해

보겠습니다.

8년 이상 재촌 자경은 세금이 없으므로 3억 원 전액, 부재지주는 양도세가 16~45%로 5,300만 원이므로 2억 4,700만 원을 손에 줍니다. 5년 이상 재촌 자경은 세금이 4,460만 원이므로 약 2억 5천만 원, 부재지주는 세금이 6,182만 원이므로 2억 3,818만 원을 손에 쥐게 됩니다. 8년이면 5,300만 원이고, 5년이면 6,182만원이 차이가 납니다. 물론, 5년 이상 재촌 자경하고 대토를 한다면 양도세가 없다는 건 이미 다들 알고 계시지요.

현재 부동산시장 흐름을 보며 투자처를 생각하라

공공주택 확대 공급계획에 따라 아파트는 신도시 등에서 그 공급계획이 계속 발표되고 있습니다. 주택보급률의 110% 달성도 얼마 남지 않은 듯합니다. 그래서 이제 아파트는 별로 오르지 않을 것이라고 대부분이 말합니다. 다음은 사업용 부동산으로서 상가입니다. 신도시에는 상업용지가 넓게 들어가고 골목골목 점포가 있는 것이 우리의 현실입니다. 그런데 요즈음 시장은 어떤가요. 매장이나 음식점 등이 대형화되어 가고 있죠? 그렇다면 공장부지는 어떨까요? 각종 규제로 인건비의 상승으로 문을 닫는 곳이 늘어갑니다.

그렇다면 땅은 어떨까요? 아파트도 다되고 상가도 공장도 남아 돈다면 땅도 남아돌까요? 주거가 안정되고 소득이 올라가면 사람들은 자연적으로 환경에 대한 욕구가 높아집니다. 그렇게 되면 주거문화의 변화가 일어나겠지요. 주거만일까요? 음식점 등이나 공장 등도 친환경적으로 아니 자연친화적으로 변해갑니다. 그렇다면 대도시에서는 그 주변으로 점점 더 확산 되어 갈 것이고. 땅에 대한 수요는 더욱 늘어나게 됩니다.

싸게 살 수 있고 장차 비싸게 팔 수 있는 땅이 여기 있습니다. 항상 도시 외곽의 농지에 관심을 두십시오. 신도시나 택지개발이 되는 인근지역의 농지에 투자하십시오. 도시의 확산은 임야보다는 농지를 기반으로 확산하는 특징이 있습니다. 특히, 도시와 도시 사이에 있는 농지에 관심을 두십시오. 새로 개설되는 도로에서 도시로 이어지는 도로 주변에 관심을 두십시오. 지금 사는 곳의 주변 농지에 관심을 두십시오. 그리고 기다리십시오. 그 물건을 사줄 세력이 형성될 때까지. 그리고 그들에게 넘겨주고 새로운 투자처를 찾아가십시오. 남보다 항상 반발자국만 빠르게. 얼마 후 당신은 부자가 되어 있을 겁니다. 반드시!

돈을 더 많이 벌어 부자가 되었으면 좋겠다는 생각을 부끄러워하지 말고 떳떳하고 자랑스럽게 생각해야 합니다. 부자가 된다면 어떤 멋진 일들을 할 수 있을지 떠올려 보세요. 돈을 더 많이 벌고 싶어하면 할수록 수많은 사람을 위해 더욱 열심히 일하게 되고, 자기가 현재하는 일에 최선을 다할 것이기 때문입니다. 돈을 더 많이 벌어 부자가 되면 좋겠다고 생각하고 그래서 오늘도 열심히 일하는 당신 같은 이들이 있기에 이사회는 아직은 희망이 있다고 봅니다.

부자가 되는 그날까지 힘내세요.

수수료 등 작은 돈에 연연하지 마라

부동산 중개 컨설팅이나 투자를 하면서 가장 많이 느끼는 일입니다. 투자를 제대로 하려면 수수료 등 작은 돈에 연연하지 말아야 합니다. 물론 이렇게 말하면 혹자는 드디어 본 모습을 드러내는구나 할지도 모르겠습니다. 그러나 수수료를 지불하는 것도 투자의 한 방법이라는 것을 알아주시기 바랍니다.

전·월세 등 임차를 얻는 경우에는 작은 돈에도 연연해야 합니다. 그러나 투자를 위한 구입이나 처분 시에 작은 돈에 연연한다면, 이미 그것은 투자자가 아닙니다. 작은 것을 얻고 큰 것을 잃는 소탐대실이라 할 수 있습니다.

부동산시장에는 급매물이라는 것도 있고, 소위 말하는 눈먼 매물도 있습니다. 그런데 부동산에 투자하면서 수수료율을 따지면서 주는 사람이 있고, 자기가 투자한 그 투자수익률을 가지고 그 가치에 걸맞는 수수료를 주는 사람이 있을 때, 좋은 물건이 나오면 중개인이 누구에게 추천하겠습니까? 부동산 거래를 하면서 수수료율을 항상 쫀쫀하게 따지는 사람이라면, 그 물건을 최대한 깎아내려서 팔고 사는 분에게 후하게 받는 방법도 있고, 살 때는 반대로 최대한 부풀려서 성사시키고 파는 분에게서 후하게 받는 방법이 있습니다. 이렇게 되면 과연 수수료를 아낀 것인가요? 생각해 보세요.

어떤 사람은 수수료를 많이 주겠다고 말해 놓고서는, 수수료를 줄 때는 다른 사람을 내세우거나 아니면 법정수수료를 내세우면서 약속을 파기하고, 심지어는 공갈 협박을 하여 수수료를 깎거나 아니면 돈을 뜯어내는 사람도 있습니다. 그러나 이는 어느 지역에서 그냥 한 건 할 때나 가능한 일입니다. 다시는 그 지역에서 그 사람은 부동산 투자를 할 수도 없고, 설령 한다고 하면 반대로 옴팡 뒤집어씌움을 당하게 되어 있습니다.

사람은 짐승이나 물고기가 아닙니다. 거기에다 '산전수전 공중전'까지 다 치른 부동산중개시장에 있는 많은 사람이 그리 호락호락하지 않다는 것입니다. 적어도 몇 년에 한 번이나 몇 달에 한 번 부동산을 사고파는 약아 빠졌다고 생각하는 투자자들보다는 한 수 위에 있다고 보아야 할 것입니다. 본인은 수수료에서 그것도 생떼를 써서 몇백 만 원에서 몇만 원을 깎았다고 생각할지 모르나 천만의 말씀입니다. 그 사람이 뜨면 그 주변 부동산중개업소에는 어떤 인물이 다니는지 이미 정보가 깔렸습니다. 그런 사람에게 좋은 물건을 줄까요? 아니 수수료 못 받으니 다른 편에서 많이 챙길 수 있는 물건을 보여 주겠지요. 본인이 약았다고 생각하지만, 세상은 그리 어리석지도 않고 녹녹하지가 않습니다. 뛰는 놈 위에 나는 놈 있다고 하지 않습니까? 더더군다나 소위 닳고 닳은 사람들이 널려 있는 부동산시장에서는….

부동산시장에서 "투자 시에는 수수료를 아끼지 말라."라는 격언이 있습니다. 이를 무시하지 말라는 것입니다. 그렇다고 무턱대고 많이 주라는 것은 아닙니다. 경우에 따라서 그리하라는 것입니다. 투자라고 생각한다면 더욱 그렇게 하라는 말입니다. 정말 선수인 투자자는 자기가 취한 이익에서 일정액을 뚝 떼어서 줍니다. 바로 이들이 진짜 투자자라 말할 수 있습니다. 이리 후하게 사례를 하는데 좋은 물건이 나오면 누구에게 연락을 취할까요? 수수료 요율을 따지는 '김가'에게 할까요? 투자수익의 일정액인 10%를 뚝 떼어주는 '금 회장'에게 할까요? 똑같은 성 '김' 자를 쓰지만, 한쪽은 김가요, 한쪽은 금회장이 됩니다.

　부동산 투자에서 수수료를 아끼지 마라! 투자자는 명심하기 바랍니다. 부동산 수수료를 지불하는 것도 보험이며 투자입니다. 부동산 투자에서 수수료 등 작은 것을 아끼려다 큰 것을 잃는 소탐대실하지 마십시오.

6

부동산 투자로 성공하는 가장 확실한 방법

부동산 정보를 어디서 어떻게 얻을까

우리는 누구나가 잘 먹고 잘 입고 잘 살고 싶어합니다. 흔히들 말하는 부자는 아니더라도 남들 하는 대로라도 하며 살고 싶은 것이 우리네 바람일 것입니다. 그러면서도 겉으로는 부자라고 하루에 열 끼를 먹는 것도 아닌데, 지금의 내가 이렇게 사는 것이 가장 행복하다고, 돈이 많은 사람들은 돈 때문에 지지고 볶느라 더 행복하지 않다고, 위안을 삼으며 살아갑니다. 그러나 우리 가슴속에서는 부자로 살고 싶은 욕망이 두방망이질합니다. 한편으로는 가진 것 없는 부모 밑에서 태어나서 지금껏 한눈팔지 않고 열심히 살았노라고, 돈 많은 사람들은 부정한 방법으로 축재하고 투기한 사람들이라고, 나는 그들과는 다르게 정말 정직하게 열심히 살았기에, 오늘 이 모양 이 꼴이지만, 당당하게 살아가고 있노라고 자위하기도 합니다.

그러나 정말 부자들은 모두 부정한 방법이나 투기로만 돈을 벌었을까? 나는 열심히 일하며 살았지만 정말로 돈이 모이지 않은 것일까? 부자라고 하기보다는 투자나 재테크에 성공한 사람 대부분은 항상 부동산 투자나 재테크에 관심을 두는 반면에 보통사람 대부분은 나와는 상관없는 듯이 관심이라곤 없다가 어떤 일이 있거나 이슈가 될 때에나 관심을 두고 뛰어드는 차이가 있습니다. 내가 본 사람들을 보면 대부분 부자는 항상 관심을 두고 노력을 한다는 것이고, 보통의 사람들은 관심도 없고 노력도 하지 않는다는 것입니다.

한번 냉정히 돌아봅시다. 과연 내가 재테크나 투자에 얼마만큼의 관심을 두고 있으며 어떠한 노력을 했는지를….

주변에 성공한 사람이 있거든 그는 어떻게 살아가고 있는지를 살펴봅시다. 아마도 돈 되는 곳에 관심을 두고 구두쇠로 살아가는 분이 대부분일 겁니다. 어떻게 하다가 또는 수용으로 부자 된 그런 부자들이 아닙니다. 이런 생각을 했다면 당신은 부자 마인드가 아직은 부족한 사람입니다.

우리 주변에는 매 순간 수많은 정보가 쏟아져 나오고 있습니다. 부동산이나 재테크 쪽으로만 보아도 하루 수십 수만 가지 정보가 나오고 있을 겁니다. 그중에 과연 얼마만큼의 정보를 내 것으로 하였을까? 나는 감히 부자가 된 사람들과 아닌 사람, 재테크에 성공한 사람과 그렇지 못한 사람의 차이는 바로 이러한 정보에 얼마나 관심을 두느냐와 그 정보를 내 것으로 만들었는지에 대한 차이라고 말하고 싶습니다.

우리는 부동산 투자로 성공하고 싶어 합니다. 그리고는 이곳저곳을 기웃거리기도 합니다. 실제로 세미나나 교육기관에서 강의를 듣고 그들의 전문지식을 배우려고도 합니다. 그러나 그들의 그 지식을 정보를 분석하여 내 것으로 하기보다는 그들이 돈 되는 곳이나 돈 될 것을 콕 집어 주기를 바란다는 것이 맞는 표현일 것입니다. 그러나 그렇게 돈이 될 것이라면 그들이 그것을 당신에게 알려 주겠는가? 그 사람이 무슨 수를 써서라도 직접 투자하거나 자기 친척이나 친구에게 소개해 주겠지요. 이 말에 고개가 끄덕여진다면 당신은 부자가 될 소질이 있는 사람입니다.

그들도 전체적으로는 확률적으로 말하지만, 실제 투자하는 경우에는 자신할 수는 없습니다. 그런 강사나 투자 컨설팅을 해주는 사람치고 자기가 추천하는 그 물건에 투자한 사람을 별로 보지 못

했습니다. 그렇다고 전문가의 말이나 언론에서 나오는 각종 정보나 세미나 등의 정보를 믿지 말라는 것이 아닙니다. 그 안에는 돈 버는 정보도 있고 돈을 빼앗아 가는 정보도 있다는 것입니다. 그 수많은 정보 중에서 나에게 돈을 안겨줄 만한 정보만 취득하면 됩니다. 돈이 안 되는 정보는 그렇다고 무조건 버리라는 것이 아니라 대응하는 정보로 활용할 줄도 알아야 합니다. 따라서 이러한 세미나나 강의에서 돈 되는 정보와 안 되는 정보를 분석하여 내 것으로 만들어야 합니다.

이 세상의 모든 일에는 양면성이 있습니다. 그 어떠한 일에도 반드시 좋은 면이 있고 나쁜 면이 있습니다. 어떠한 사람도 좋은 면과 나쁜 면이 있다고 봅니다. 다만, 전체적으로나 결과에 따라서 좋은 것을 더 많이 부각하느냐 나쁜 것을 더 많이 부각하느냐의 차이가 있을 뿐입니다. 바로 부동산 투자나 재테크에서도 그렇고 각종 정보를 내 것으로 만들어서 실천하는데도 그렇습니다.

누구에게나 다 좋은 정보도 없고 누구에게나 다 나쁜 정보도 없습니다. 나에게 맞는 정보를 찾아야 할 뿐입니다.

수집된 정보를 내 것으로 만들어라

앞서 우리는 부동산 정보를 어디서 어떻게 주로 얻는지를 생각해 보았습니다. 다양하게 정보를 습득하는 과정 등에 대해서도 알아 보았습니다. 또 그 정보들을 가지고 잘 활용하여 실천해야만 투자에 성공할 수 있다는 것도 알았습니다. 그런데도 그 정보들을 어떻게 분석해서 내 것으로 만드는지는 지금도 잘 모르겠다는 것입니다.

언론매체나 교육, 세미나 등에서 얻은 수없이 많은 정보를 이 제 정말 나에게 필요하고 실천 가능한 정보로 만들어야만 진정한 가치가 있는 나의 정보가 됩니다. 물론 이러한 정보나 지식이 지금 당장에 나에게 도움이 되고 실현돼야 하는 것은 아닙니다. 대부분 정보와 지식은 하나하나 차곡차곡 쌓여서 투자에 뛰어들었을 때 그 진면목을 발휘하게 되는 것입니다.

앞에서 우리는 부동산 투자 정보나 지식이 있어도 그 수많은 정보와 지식이 누구에게나 다 고급정보, 돈 되는 정보가 될 수는 없다는 것을 살폈습니다. 누구나 처한 환경이나 능력이 다르므 로 같은 정보라도 좋은 정보가 될 수도 있고, 별로 도움이 되지 아 니하거나 오히려 나쁜 정보가 될 수도 있다는 것이란 것도 알았습 니다. 즉, 정보나 지식이란 누구에게나 좋거나, 누구에게나 나쁘다 고 할 수는 없다는 것입니다. 같은 정보라도 그것을 분석하여 자기 에게 맞도록 가공을 한다든지, 아니면 당장에 실천할 정보와 나중 에 기회가 되면 사용할 정보로 분류해서 적당한 시기에 적절하게 활용을 해야 합니다.

한번 서울에서 부산을 가는 정보를 가지고 알아볼까요? 서울에서 부산을 가는 방법에 대한 정보를 알아보니 참으로 많습니다. 비행기를 타고 빨리 날아가는 방법이 있고, 기차를 타고 가는 방법도 있는데, 여기는 KTX라는 것도 있고 무궁화라는 것도 있습니다. 대중교통으로는 택시를 타고 가거나 고속버스를 타거나 시외버스를 타는 방법도 있습니다. 나는 차가 있어서 자가용을 몰고 가는 방법도 있을 것입니다. 이번엔 또 가는 길이 고속도로가 있고, 국도가 있고, 지방도라는 것도 있네요. 그러고 보니 관광차를 이용하여 가는 방법이나 남의 차를 얻어 타고 가는 방법도 있습니다. 아! 참 가장 쉬운 방법 걸어가는 방법을 빠뜨릴 뻔했습니다. 그동안 생각해 보지도 않았는데 이렇게 한번 찾아보니 서울에서 부산에 가는 방법이 참으로 거리만큼이나 다양하고, 가는 시간이나 비용에서도 수십 수백 가지가 나오겠네요.

이 많은 정보를 이곳저곳을 뒤져서 찾아보았습니다. 그런데 수단별로 가는 방법이나 시간도 또 수없이 많이 있었지요. 그럼 이제 내가 가려면 나에게 맞는 방법을 찾아야 하겠지요. 그것은 또한 그곳에 가서 하고자 하는 일에 따라서 가는 방법도 달라지겠지요. 오늘 밤까지 도착해야 하는데 짐이 없는 경우와 짐이 있는 경우에 따라서도 달라지지요. 또한, 혼자 가는 경우와 여럿이 가는 경우에서도 달라지겠지요. 혼자 맨몸이라면 종일 볼일 다 보고 비행기로 가면 좋겠지요. 그런데 돈이 있느냐 없느냐에 따라서 또 갈리네요. 돈이 있으면 자기가 하는 일 다 하거나 놀다가 가면 될 텐데, 돈이 없다면 갈 여비를 한나절이던 하루 던 일을 해서 벌어서 갈 수밖에는 없겠지요. 아니면 다른 교통수단을 이용해서 갈 수도 있을 거고요.

이처럼 서울에서 부산으로 가는데 교통수단이나 방법은 그 수를 헤아릴 수 없이 많다는 것입니다. 바로 나에게 또 그 처지에 맞는 방법을 찾거나 그 조건을 맞추어서 가는 방법이 있습니다. 그러나 이러한 방법조차도 모른다면, 아니면 어느 한 가지 방법밖에 모르고 있다면, 어리석은 방법일지라도 자신이 아는 방법으로 부산을 찾아가는 수밖에 없습니다.

그동안 한눈팔지 않고 열심히 살았지만, 지금의 나는 이 모양 이 꼴이고, 별로 하는 것 없이 빈둥대며 살아온 것 같은 저 부자들은 부정한 방법으로 돈을 모았다고 생각하는, 나를 포함하여 우리 주변의 대부분 사람에게 말합니다. 살아오면서 헤아릴 수도 없이 많은 방법이 있고, 좋은 방법을 찾을 수도 있었지만, 내가 할 방법은 이것뿐이라고 생각하면서 혹여 어리석게 살아오지는 않았을까요?

서울에서 부산 가는 방법을 걸어가는 방법밖에 모르기에 정말로 열심히 자고 일어나서는 걷고 또 걷고 열심히 간다면, 조금 더 체력이 좋아서 일부는 뛰어서 갔다면, 이것이 최고의 방법인가요? 남들은 비행기로 한 시간, KTX로 2시간, 고속버스나 자가용으로 5시간 정도면 도착하는 것을 열심히 뛰고 걸어서 간다면 마라톤 세계기록보유자라도 하루가 걸릴 것이고, 적어도 10여 일이 걸립니다. 당신은 걸어가는 방법밖에는 몰라서 오늘도 터벅터벅 열심히 부산을 향해 걸어가고 있지는 않나요? 이처럼 열심히 살아간다고 부자로 살아갈 수는 없습니다. 좀 더 쉽게 좀 더 힘 안 들이고 가는 방법을 찾아야 한다는 것입니다. 지금 나에게 돈이 없다면 일을 해서 돈을 벌어서라도 비행기를 타고 10시간 후면 부산에 도착하는 방법을 알아야 하고, 또 그것을 실천해야 한다는 것이지요. 비행기나 다른 교통수단을 이용하는 방법을 모르는 사람도 역시 돈이 있어도 걸어서 갈 수밖에 없습니다.

우리가 부동산 투자나 재테크하는 데 필요한 정보나 지식이 수도 없이 많듯이 투자하는 방법도 수백 수만 가지가 됩니다. 지금 아는 정보나 지식이 모두 다 내게 필요한 것도 아니고, 모두 다 필요하지 않은 것도 아닙니다. 다만, 기회가 닿는 대로 정보나 지식을 쌓아두었다가 내가 필요할 때 꺼내서 나에게 가장 적합한 방법으로 활용한다면, 적어도 그러한 노력을 하지 않은 사람보다는 쉽게 편하게 부자의 길에 갈 수 있다는 것입니다.

당장에 술자리를 줄이고 연예 가십이나 스포츠를 보는 시간을 줄이고 경제뉴스나 기사를 보는 시간을 늘리십시오. 머지않은 미래에 당신도 부자가 될 수 있습니다. 아니 여유로운 삶을 살아갈 수 있는 날이 한 발짝 성큼 다가올 겁니다. 이래도 지금 당장 부동산 정보나 지식을 쌓는 일에 소홀하시렵니까? 그렇다면 당신은 강심장이거나 요행을 쫓는 이상형에 불과합니다.

이 세상은 마음먹은 대로, 생각하는 대로 됩니다. 부동산 정보를 아는 것이 중요한 것이 아니고 부동산 정보를 내 것으로 만들고 실천을 해야만 합니다.

부동산 정보와 지식을 내 것으로 만들어 투자하라

앞에서 우리는 부동산 투자로 성공하려면, 정보나 지식을 어떻게 내 것으로 만들고, 지속적으로 관심과 노력을 기울이면서 축적해야 하는지를 알아보았습니다. 그럼 그 수많은 정보나 지식 등을 어떻게 활용해야만, 개도 안 물어 가는 돈을 벌 수 있고 여유로운 삶을 살아갈 수 있을까를 생각해 보고자 합니다.

부동산 투자로 돈을 버는 가장 확실한 방법은 정보를 내 것으로 만드는 것이라 했습니다. 수많은 정보와 지식을 모두 내 것으로 만들 수도 없지만, 어느 정도 축적하여도 그것은 그냥 정보이고 지식일 뿐이며, 실제로 나에게 돈 벌어 주지는 못합니다. 물론 전문가로서 강단에 올라 강의 등을 하거나 컨설팅 등 그 지식을 활용하여 돈 벌 수는 있을 것입니다. 그러나 여기서 말하려는 것은 그러한 방법이 아니라, 내가 아는 정보나 지식을 활용하여 직접 내가 돈을 버는 방법을 말하는 것입니다. 즉 투자로 수익을 올리고 돈 벌어서 부자가 되고, 여유로운 삶을 살아가는 것을 말합니다.

그러려면 축적된 정보와 지식을 가지고 실천하는 것이라고 생각합니다. 구슬이 서 말이라도 꿰어야 보배라는 말이 있습니다. 아무리 좋은 정보와 높고 깊은 전문지식이라 할지라도 직접 투자로 연결되지 않는다면 그것은 죽은 정보요, 잠자는 지식이라고 밖에는 말할 수 없습니다. 차라리 모르는 것만도 못할 것입니다. 알지 못하여 실천하지 못함은 어쩔 수 없는 일이지만, 알면서도 실천하지 못함은 더욱 나쁜 것이니까 말입니다. 부동산으로 돈 버는 최고의 방법은 바로 실천하는 것이라고 또 한 번 강조해서 말하고 싶습니다. 돈이 없으면 없는 대로 있으면 있는 대로 자기의 처지에 맞는 투자 방법을 찾으면 되기 때문입니다.

우리는 앞에서 수많은 정보와 지식을 분석하여 투자자 각자에게 맞는 방법을 선택하여 활용해야 한다는 것을 알았습니다. 그러면서 서울에서 부산을 가는데 수많은 방법이 있는 것도 알았습니다. 그중에서 비행기를 타고 가면 빨리 편하게 갈 수 있다는 것도 알았습니다. 그런데 돈이 없다면 한나절이나 하루가 늦더라도 돈을 벌어서 갈 수 있다는 것도 알았습니다. 그러나 비행기를 타고 가는 방법에 대한 정보나 지식이 없다면 돈이 있더라도 그냥 몇 날 며칠을 걸어서 갈 수밖에 없다는 것도 익히 알고 있습니다.

여러분이라면 어느 정보를 가지고 어떠한 방법으로 실천하겠습니까? 그러나 이러한 정보를 알고 있어도 아예 실천하지 않는다면 부산에는 죽을 때까지 도착하지 못합니다. 비행기를 타든 걸어서 가든 길을 나섰다면 언젠가는 부산에 도착할 수 있어야 합니다. 이는 자기가 가진 지식과 정보를 총망라하여 수집된 정보를 분석하여 나에게 맞는 가장 좋은 방법을 찾아냈다면 투자에 직접 나서는 실천을 하여야만 돈 벌 수 있다는 것을 의미합니다.

다시 한 번 일선 중개시장에서 일어나는 투자자들의 단골메뉴를 상기해 보면 가장 많이 받는 질문이 "1~2년 후 몇 배가 될 좋은 물건 소개해 주세요."입니다. 그런 물건 있으면 컨설턴트나 중개업자가 하지, 어느 누가 고객에게 주겠습니까?

많은 분이 몇 년 후에 몇 배가 되는 부동산에 투자하라고 한다거나, 몇천만 원 투자하면 연간 몇십 %의 고수익을 내준다고 하는 광고나 투자 권유를 접했을 것입니다. 이것이 사실이라고 믿었던 분은 대박의 환상에 사로잡힌 것입니다. 비싸 보았자 연리 10% 이내의 대출을 쓸 수 있는데도 당신에게 그 이상의 수익을 보장한다며 접근한다면 바로 그 사람은 자기 이익을 위하여 다른 사람을 구렁텅이로 몰아넣으려고 유혹하는 사람일 뿐입니다. 즉, 자기가 확보한 부동산을 처분하여 고수익을 올리려는 얄팍한 수를 부리는 '악마'입니다.

내가 가진 돈으로 가장 적당한 방법을 찾되, 투자수익률 또한 합리적이라 할 수 있는 적정한 수준으로 보고 투자하여야 합니다. 나는 적정 수익률이 은행 대출 금리의 2배에서 3배가 될 때 가장 이상적인 투자라고 봅니다. 그렇게 합리적 수익률을 목표로 투자하면 개중에는 대박을 내는 일도 있습니다. 좋은 정보와 전문적인 지식, 그리고 이를 제대로 분석하고 자기 자본이나 투자성격에 맞는 투자는 대부분 기대 이상의 수익을 올릴 수밖에 없습니다. 바로 이처럼 수집하여 분석한 좋은 정보와 전문지식을 바탕으로 정보가 아닌 자료를 만들어 대박이 아닌 적정 수익률을 바라는 투자를 실천하는 것만이 돈을 버는 길이며, 여유로운 삶을 살아갈 수 있는 부자가 되는 정도이자 지름길입니다.

우리 모두 부자로 살아가는 그날까지 부동산 투자와 재테크에 깊은 관심과 열정을 가지고, 오늘도 내일도 최선을 다하며 살아갑시다.

나와 가장 잘 맞는 부동산에 투자하라

부동산 재테크 정보나 전문지식을 여러분은 어떻게 생각하십니까?

지금은 정부나 많은 연구기관에서, 그리고 학교에서도 정보나 지식을 나누고 전파하려고 합니다. 그러나 아직도 많은 전문가나, 특히 일선 중개업에 종사하시는 분들은 이미 공개된 정보나 노하우조차도 무슨 대단한 비밀인 듯이 감추거나 일부만 맛보기로 보여주면서 신비주의를 고집하고 있습니다. 그러나 정보나 지식이란 그것이 전파되고 널리 퍼졌을 때에야 그 파급 효과가 일파만파로 번진다는 것을 알아야 합니다.

깊은 산 속에 옹달샘이 있습니다. 이 옹달샘은 산새나 산짐승들이 와서 목을 축이는 유일한 생존 수단이 될 겁니다. 아주 가끔은 심마니나 산에 들른 사람들의 갈증을 해결해주는 요긴한 생명수도 되겠지요. 정보나 지식도 처음에는 어느 곳에서 이렇게 만들어집니다. 그러한 정보나 지식을 만들어 내신 분들은 연구보고서나 논문 등으로 발표하고 또한 학생이나 특정 집단에 있는 분들에게 자료나 강의 등으로 전수할 것입니다. 그리고 특별히 관심을 두는 몇 분들이 그런 자료를 얻거나 강의를 들을 수 있겠지요. 전달 노력에도 이 지식이나 정보가 소수에게 한정되면, 이는 옹달샘이 극소수의 생명만을 유지하는 수단이듯 이러한 정보나 지식 또한 극소수의 사람에게만 유통되며 별다른 영향을 미치지 않을 겁니다.

이제 옹달샘에서 시작한 물이 하나둘씩 모여들어서 제법 큰 개울을 이루었습니다. 아낙네들이 빨래하고, 목욕하고, 아이들은 물장구치고, 논에다 물을 대어서 곡식을 재배하고, 지나가던 소도 한 모금 깊이 물을 들이켠다면, 이는 극소수의 생명수가 아니라 일상의 생활을 영위하게 하는 생존수이자 활력수로 바뀝니다. 부동산, 재테크의 정보나 전문지식도 마찬가지입니다. 특정된 공간에서 나와서 책이나 강좌나 세미나를 통하거나 언론을 통하여 알려지게 됩니다. 관심 있는 또 필요로 하는 수많은 사람이 이로 인해 돈 버는 방법을 알고 실천하는 것도 이에 비유한다면 억지일까요?

다음에는 이곳저곳의 산골짜기에서 모여든 수많은 냇물이 모여 강을 이루고 바다를 이루게 됩니다. 이제는 제법 큰 물고기도 살고, 이를 터전으로 살아가는 어부도 있으며 거의 모든 사람이 직접 간

접으로 그 혜택을 누리면서 살아갑니다. 강이나 바다에는 작은 배 큰 배를 무수히 띄울 수도 있습니다. 물론 수많은 사람이 정수해서 수돗물로 마시기도 하고요. 논으로 흘러들어 가는 정도가 아니라 공장의 공업용수까지 다양하고 유익하게 활용됩니다. 앞의 비유처럼 부동산 정보나 전문지식 또한 이와 마찬가지입니다.

지금은 조금만 관심을 두면 부동산 정보나 전문지식을 누구나 쉽게 습득할 수 있습니다. 당장에 아무것도 모르겠거든 인터넷 포털사이트에 물어보면, 몇 분내지 며칠 내에 수많은 답변이나 노하우가 쏟아져 나오는 세상입니다. 지금은 전 국민이 부동산 전문가라는 말이 있을 정도로 상당한 수준을 갖고 있고, 관심도 무척이나 높은 것이 사실입니다. 여기에다 부동산 전문가가 아니더라도 전문중개업이나 컨설팅이라는 곳에 종사하는 분들도 많아졌습니다. 부동산이나 재테크의 종류나 수단도 과거보다는 무수히 많습니다. 또한, 부동산이나 금융 등 전문가로서 전문 투자자로서 부자들도 무수히 많아졌고요.

웅달샘에서 솟아나서 도랑물을 거쳐 시내를 이루고, 강물로, 그리고 바다로 나가면서 맑은 수정체 같던 그물은 희뿌연 물로 변했다가 다시 깊은 바다로 들어가면서 심층수라는 청정수로 변하는 과정을 거치게 됩니다. 부동산 투자나 재테크에서도 이와 같은 과정을 거칩니다. 처음에는 학문이나 개발계획 등 순수한 차원에서 만들어지고 국민의 편익을 위해 계획된 일들이 전파되고 시행되는 과정에서 이러한 사실을 미리 알거나 빨리 편승하는 사람들 때문에 보상금을 노린 불법행위나 투기가 성행하는 등 그 취지를 무색하게 합니다. 그러나 그것이 개발되고 나서 제 기능을 발휘하는 시점이 오면 수많은 사람이 편리하고 쾌적한 순기능의 혜택을 누리면서 살아가게 됩니다.

옹달샘 물이 솟아날 때 더러운 흙탕물로 온 세상에 홍수를 일으켜 망치려고 하지는 않았습니다. 그 중간에 '비'라는 놈이 내려서 달라붙어 꼬드기는 바람에 저질러진 일이지요. 이처럼 부동산 정보나 지식, 그리고 정책은 우리의 삶을 풍요롭게 하려고 태어난 놈입니다. 그런데 중간에서 이를 가공하고 변형하면서 사리사욕을 채우려는 사람들로 인해서 애초 의도와는 달리 피해가 발생하고 혼선을 가져오는 일들이 생긴 것입니다.

그러나 그 무엇으로도 막을 수 없을 것 같던 진흙탕의 홍수도 바다라는 거대한 품 안에서는 온순하게, 그리고 그 색을 벗어 던지고 더 맑고 푸르게 포용하는 본연의 모습으로 돌아가듯이 정책이나 정보, 지식의 전달과 습득, 그리고 시행을 하는 과정에서의 일시적인 혼란이나 부추김도 세월이 지나고 그 계획된 일들이 진행된 후에는 본연의 모습 또는 그보다 더 나은 모습으로 우리에게 다가와서 삶을 여유롭고 쾌적하게 해준다고 봅니다. 다만, 홍수가 났는데 그 물에 맞서서 지키겠다고 한다면 모든 걸 잃듯이 부동산의 광풍이 불어 너도나도 덤벼들 때에는 같이 편승하지 말고 일단은 지켜보면서 냉정해지기를 바랍니다.

주식 격언에 객장에 아기 엄마들이 나오면 파장이라는 말이 있습니다. 부동산 시장에는 화이트칼라 엘리트 집단이 투자를 시작하면 파장이라고 볼 수 있습니다. 이들은 상당한 정보와 전문지식을 갖고 있으나 확신이 서지 않으면 투자를 하지 않다가 다른 사람들이 투자해서 결과로 나타나 입증이 되기 시작하면 뛰어드는 경향이 있습니다. 이를 보고 내가 만들어 낸 말입니다.

부동산 정보와 재테크, 투자, 투기 등 이미 이들은 각자가 아닌 혼재 된 의미로 사용되고 있습니다. 남이 하면 불륜, 내가 하면 로맨스라고 했던가요, 남이 하면 투기이고 내가 하면 투자라고 하면 틀린 말인가요, 그렇다고 고고하게 투자든 투기든 간에 안 하고 살아갈 수 있는 분이라면~, 당신은 이 세상에서 최고로 행복한 사람이거나 가장 불행한 사람…. 그러나 우리가 살아가는데 최소한의 생계유지비라는 것이 절대적으로 있어야 하고, 또한 사람답게 살려는 욕구를 채워주는 최소한의 품위유지비라 할 수 있는 이놈의 돈이라는 것이 꼭 필요한 것을 누가 부정하겠는가 말입니다.

매일 쏟아져 나오는 수많은 정보를 나에게 맞도록 가공하고 만들어서 나에게 가장 유용하고 적절히 사용해야만 나에게 돈이라는 보답이 돌아옵니다. 남의 정보나 돈에 욕심을 부린다고 그것이 내 것이 될 수는 없습니다. 그것은 그 사람에게 맞는 정보요, 그 사람에게 맞는 방법일 뿐입니다.

우리는 하루에도 수만 가지 방법으로 각종 정보를 접하고 있습니다. 이렇게 글을 올렸더니 그래 바로 그 돈 되는 정보를 콕 짚어주면 되는 거야 하실 분이 아직도 있을 것 같고 그런 이야기를 하신 분도 있습니다. 그러나 그건 정보가 아니라 물고기 잡는 법이 아닌 물고기를 잡아 준 것과 같습니다. 제가 하고픈 이야기는 정보는 나에게 맞도록 분석하고 만들어야 나의 정보라는 것입니다. 나에게 전달된 온갖 정보를 읽기만 한다면 그것으로 정보의 생명은 소멸 되었습니다. 그러나 전달된 정보를 읽고 생각해보고 보관을 한다면 정보로서의 전달은 되었다고 볼 수 있습니다. 나아가 전달된 정보를 읽고, 직접 찾아보고, 주변의 다른 정보도 찾아서 연계해 보고, 분석을 한다면, 정보가 아닌 분석 자료라는 이름으로 변경되어 생명을 이어갑니다. 그러다 투자 아니 활용이라는 실천으로 이어진다면, 바로 이것이 돈 되는 정보로 살아나는 것이지요.

흔히들 고급정보라는 것에 목을 매는 경우가 많이 있습니다. 또 그러한 정보가 있다고 미끼를 던지기도 합니다. 이런 정보는 쳐다보지도 말라고 앞에서 얘기했습니다. 우선 실행될 확률이 50:50이라고 할 수 있고요. 그리고 무엇보다도 짧아야 10년 이상인 언제가 될는지 알 수 없기 때문입니다. 우리네 보통 사람들은 이런 고급정보에 목말라 할 필요 없이 나온 정보만 가지고도 얼마든지 돈 벌 수 있는 것이 많습니다.

누구에게나 좋은 정보도 누구에게나 다 맞는 자료도 없습니다. 오직 나에게 맞는 정보와 그 자료가 돈을 벌어주는 것입니다. 그렇다고 반드시 내가 만들어야 하는 것은 아닙니다. 직접 할 수도 있고 전문가의 도움을 받을 수도 있습니다. 문제는 그런 정보나 자료를 분석하는 능력이나 판단하는 능력을 갖추어야 한다는 것입니다.

마지막으로 생각해 봅시다. 언론이나 세미나, 강좌에서 흔히 접하는 투자 가치 있는 아파트가 있지요. 바로 강남의 재건축 아파트, 좋은 투자 정보임에는 누구도 이의를 제기하기 어렵습니다. 그런데 누구에게나 좋은 정보라고 할 수는 없다는 것입니다. 이는 적어도 그곳에 투자할 만큼의 자금이 있거나 동원 능력이 있는 사람에게만 좋은 정보입니다. 그럼 투자할 능력이 되는 사람들은 강남의 재건축이면 무조건 다 좋을까요? 그것도 아니라는 것입니다. 그중에서도 입지나 가격, 추진 상황 등을 분석해야 합니다. 그리고 자기가 처한 상황, 즉 자녀문제, 이사문제, 자금동원 가능시점 등을 판단하여 바로 나에게 맞는 대상 물건인지 구분해야 합니다. 수많은 부동산 투자 대상 중에서 재건축에, 그것도 강남 재건축에, 다시 그중에서 특정 물건에, 최종적으로 나의 상황에 맞는 물건에 투자할 수 있을 때 좋은 정보입니다. 바로 이처럼 좋은 정보라고 해서 누구에게나 다 좋은 정보라 할 수 없으며, 또한 누구나 투자할 수 있는 것은 아니라는 것입니다.

부동산 투자에서 가장 확실하게 돈을 버는 방법은 정보를 수집. 분석하고 가공하여 투자분석 자료로 만드는 것입니다. 이를 바탕으로 나의 투자 여건 등 상황을 판단하여 나에게 맞도록 가공된 투자분석 자료와 나의 투자 상황 판단 자료를 가지고 나에게 가장 잘 맞는 대상 물건에 투자를 실천하는 것입니다.

7
땅을 샀으면 손대지 말고 푹 묵혀라

땅을 사면 많은 사람이 그 땅에다 무엇을 해야 할지, 어떻게 요리할지 등 아주 조바심을 냅니다. 또한, 요즈음 일부 전문가나 부동산강좌나 세미나에서도 과거에는 땅을 사서 가지고 있으면 돈이 되었지만, 이제는 그런 방법이 아니라 개발을 해야 한다고 이야기합니다. 일면 맞는 말일 수도 있습니다. 하지만, 우리의 문화는 '곰삭히는' 문화입니다. 곰삭은 젓갈이 제 맛을 냅니다.

땅으로 부자가 되는 길은 이처럼 바로 푹 묵히는 것입니다. 땅에다 무엇을 해야 하나 바로 푹 묵히는 것입니다. 10년 20년이 아닌 후대에 이어지도록 푹 묵힌다고 생각하는 것이 정답입니다.

땅을 사서 요리조리 어찌할 바를 모르면 달아납니다. 기생 첩과 장작불은 건드리면 달아난다는 속담이 있습니다. 땅도 마찬가지입니다. 그 땅을 어찌할 요량으로 건축하거나, 개발을 하려고 하면, 그것을 거저먹으려는 주변의 파리 떼가 달려들게 마련입니다. 우선은 허가나 건축에 따른 브로커나 관련자들이 군침을 흘리고 달려들고, 건축을 하자마자 이제는 부동산중개업자나 컨설팅업체가 달려들고, 마지막으로 이를 사려는 사람은 거저먹겠다고 후려치고 덤벼듭니다. 이것이 땅이 가진 속성입니다.

땅은 자기를 알아주고 지켜주며 믿어주는 자에게 보답합니다. 땅을 샀으면 그냥 지극 정성으로 잘 가꾸고 살피며, 언젠가는 나에게 큰 보답을 할 때까지 기다리고 지키겠다는 믿음을 주고 무한한 신뢰를 보내야만, 그에 맞는 화답을 하는 것입니다. 사면서부터 여기저기에 쩧고 까불며 뒤집어 까발리겠다고 생각하거나 그것을 실행에 옮기는 순간에 땅도 보답이 아닌 골탕을 먹이는 방법을 택합니다. 땅을 개발해서 큰돈 벌었다는 사람을 별로 보지 못했습니다. 오히려 땅을 오래 가지고 있다가 큰돈을 벌었다는 이야기는 수없이 들었습니다. 바로 땅은 이렇게 자기를 믿고 신뢰하는 자에게 보답하는 것입니다.

세상이 변했다고? 살아가는 방법이 조금 바뀌었을 뿐 인간사는 예나 지금이나 한결같습니다. 과거에도 세상은 변한다고 했습니다. 큰 흐름에서 보면 아주 미미하게 변화해 가지만 우리가 영유권을 가지고 자기 영역을 가지게 된 이후에 땅을 가진 자가 세상을 지배한 것은 영원한 진리입니다.

땅이 아닌 다른 집이나 상가 같은 유동성 부동산(?)은 다릅니다. 그러나 땅은 진정한 부증성 부동산이기 때문입니다. 나는 땅이 아닌 다른 부동산은 동산이라고 말을 합니다. 왜 언제든지 헐고 다시 짓거나 하는 등 만들 수도 없앨 수도 있기 때문입니다. 그러나 땅 그 자체는 비록 겉모습은 다르게 보일지 모르지만 언제나 그 자리에 그 모습 그대로를 간직하고 있습니다. 아직까지 인간의 힘으로 그 땅을 어떻게 옮겨가거나 할 수는 없습니다. 이것이 땅을 가지면 푹 묵혀야만 하는 이유입니다.

개발이 가능한 땅은 개발 가능한 용도만큼이나 가만히 두어도 저절로 오르는 것입니다. 땅을 샀으면 건드리지 말고 반드시 보답할 것이라는 믿음을 갖고 잘 관리하고 기다리십시오. 대박이 날 때까지!

8
공유 지분 투자와 분할된 토지에 하는 투자

부동산 투자 상담을 하다 보면 안타까운 일들을 접하곤 합니다. 오늘은 그중에서도 소위 기획부동산이나 부동산컨설팅회사, 개발회사, 영농조합법인 등에서 분양하는 토지를 냉큼 사신 분들의 이야기를 한번 해보렵니다. 과연 그들에게 사는 부동산이 투자 가치가 있는 것인가. 정말로 수익을 올릴 수 있는 그런 부동산인가를 말입니다.

부동산 호황기나 불황기를 불문하고 기승을 부리는 소위 기획부동산이나 컨설팅 회사들이 우리 주변에는 무수히 많습니다. 꼭 그런 회사들만이 아니라 그곳에서 일하는 사람들이 한 사람 건너 한 명이 있다 해도 과언이 아닐 정도입니다. 이들이 우리 부동산 투자시장을 흐려 놓고 있고, 또 수많은 부동산업계 종사자들을 신뢰할 수 없는 사람이나 집단으로 내몰리게 하는 것 또한 부인할 수 없는 사실입니다. 아마 이러한 곳에다 투자한 분들이 주변에 한두 분씩은 다 있을 거라고 생각됩니다. 심지어는 배웠다고 하는 분이나 안다고 하는 분들도 투자에 코가 꿰었으니 아무것도 모르는 우리네 일반인들이야 말해서 무엇 하겠습니까?

오늘은 이들이 분양한 땅에다 투자한 분들이 어떻게 대처해야 하는지를 함께 생각해 보고자 합니다. 지금 투자해서 가지고 있다면 방법은 다음과 같지 않을까요?

첫 번째는 죽이 되든 밥이 되든 끝까지 가지고 갑니다. 본인이 사는 동안 아니면 내 자손들이 어떻게 하더라도 말입니다. 두 번째는 손절매하는 방법일 것입니다. 어차피 내가 제대로 권리를 행사하지 못하는 마당에 원금이 얼마든지 부동산 투자에 대한 수업료라고 생각하고 손절매로라도 처분하고 모든 것을 잊어버리는 것입니다. 세 번째는 지속적으로 관심을 두고 나 같은 사람이 나오기를 바라거나 아니면 그 물건을 컨트롤하는 사람을 붙들고 늘어져서라도 원금은 찾아서 나오는 방법이 있을 것입니다. 가장 손해가 적은 방법이야 세 번째가 될 것이지만, 아마도 그렇게 하기 전에 소송이나 싸움으로 인하여 다 털어먹거나 아니면 스트레스로 인하여 병을 얻어서 지레 이 세상을 하직할 확률이 더 높을 수도 있습니다.

소위 기획부동산이나 개발회사, 컨설팅회사 등에서는 지금도 그 사업 유형을 다양하게 변형해가며 진화해 가는 실정입니다. 농지인 경우에도, 주말체험 영농으로 분양한 경우에도, 사실상 개인이 농사를 지을 수 없는 형편이며, 대부분 공유지분으로 되어 있어 구분하여 농사를 지을 수도 소유권행사를 할 수도 없습니다. 또한, 임야를 전원주택부지로 분양한 현장에 가면 한두 채 건축하여 놓았거나 허가를 내어 놓고는 분양합니다. 그러나 이는 지자체에 따라서 2003년 이후 분할된 토지에는 분할 전 1필지에 1~2개만 건축허가가 나기도 한다는 것을 악용하기도 합니다.

아마도 "사모님(또는 사장님) 싸고 좋은 땅 있는데 한번 투자해 보시죠?"라는 전화를 받아 보지 않은 사람은 없을 겁니다. 또한, 신문을 펼치면 심하면 10여 건, 적어도 2~3건의 부동산 투자 대박 광고를 접하며 살아갑니다. 앞에서 말했듯이 소위 기획부동산이란 우리에게 돈을 벌어주려고 애를 쓰는 곳이 절대로 아닙니다(물론 다른 사람이나 기업이나 모두가 마찬가지이지만 말입니다). 자기들이 돈을 벌려고 기를 쓰는 그런 곳이란 걸 알아야 합니다. 이 세상에 공짜는 없습니다. 그리고 욕심이나 과욕은 화를 불러오는 근원입니다.

현재 이런 부동산을 가지고 끌탕을 하는 분이라면 그 땅이 어떻게 되든지 간에 모르겠다 하고 처박아두고 잊고 사는 겁니다. 단, 5년 단위로 가서 영역표시는 해야 합니다. 그렇지 않으면 취득 시효 주장하는 분이 있으니까. 또 하나는 수업료라고 생각하고 단돈 몇만 원에라도 처분해버리고 잊고 사는 겁니다. 둘 다 결론적으로 잊고 살라는 겁니다. 그걸로 인해서 가정 화목이 깨지고 건강도 해칠 수 있으니까 말입니다.

그리고 이번 일을 교훈 삼아서 이제부터 제대로 된 부동산 투자를 하면 됩니다. 첫 번째는 항상 경제기사와 부동산 정보를 챙기라는 겁니다. 두 번째는 많은 사람을 만나 보라는 것입니다. 세 번째는 많이 돌아다녀 보라는 것입니다. 이것도 저것도 힘들다면 전문가의 조력을 받으라는 겁니다. 아무나가 아니라 오랜 모임 등으로 친분이 있는 사람이나 집주변의 믿을 수 있는 전문업소를 찾아가면 됩니다.

그럼 주말체험 영농으로 농지에 투자한 사례를 소개해 보겠습니다. 서산지역에 2000년대 초반에 영농조합법인 등에서 992㎡씩

분양한 것이 있습니다. 주말체험 영농 면적인 1,000㎡ 미만으로 맞추어서 분양했습니다. 당시에 1,500~2,500만 원까지 분양했고, 요즈음도 3,000만 원 정도에 분양을 하고 있습니다. 우리네 일반 가정의 여윳돈이거나 아니면 주부들의 비자금 규모입니다.

그곳의 한 필지가 대부분 13,000~14,000㎡ 정도이므로 한 필지 당 투자자는 15명 정도가 공유지분으로 투자했을 겁니다. 전혀 모르는 분들이 함께 투자를 했으니 지금은 개별로 매매하려고 해도 사줄 사람이 없습니다. 영농조합 법인이나 그곳 관련된 업자들이 아니면 말이지요. 당시 이런 한 필지 13,000㎡의 매도가격은 대략 1억 원이 조금 넘었고, 지금도 3억 원 전후입니다. 그럼 그때 당시에 15명 정도가 투자했다면 1인당 1,000만 원 미만에도 가능했습니다. 지금도 물론 15명 정도가 투자한다면 1인당 2천만 원 정도면 가능하겠지요. 15명을 모아서 투자할 수 없다면 두 필지 이상으로 분할하여 투자하였다면 한 필지에 7~8명, 또는 그보다 적은 몇 명이 할 수도 있을 겁니다. 이렇게 공동 투자를 한다면 우선 아는 분들이 같이하므로 이용이나 처분에서 더욱 손쉽게 관리 처분이 되겠지요. 거기다가 보너스로 적어도 30% 이상 저렴하게 구입할 수 있을 것이고, 직접 매도를 할 수 있으니 매도가격도 그들에게 쥐어 잡혀서 하는 것보다는 더 나은 값을 받을 수 있게 됩니다.

그럼 적어도 구입 시와 처분 시에 싸게 구입하고 더 높은 가격을 받을 수 있으니 투자수익률에서는 아마도 공유지분 등으로 투자한 것의 2배 이상은 더 올릴 수 있을 겁니다. 거기다가 마음에 맞는 분들이거나 또는 아는 분들과 같이 했으므로 그동안의 마음고생이나 어려움이 없었으니 이 또한 덤으로 얻는 즐거움이 있습니다.

나는 이렇게 몰라서 투자한 분들과 상담하게 되면 대부분은 그들에게 손절매라도 하고 처분하라고 말합니다. 그리고 지금 다른 곳에다 투자한다면 언제 팔아도 일반세율이고, 또 노후에 내려가서 재촌 자경 조건을 충족한다면 장기보유 공제나 감면도 받을 수 있음을 얘기합니다. 또 투자는 이렇게 한 가지가 아닌 몇 가지를 노리면서 해야 하고, 무엇보다도 신경을 쓰거나 마음 아파하는 것이 아닌 즐거움과 행복감을 가져야 한다고 말합니다.

나는 부동산 투자에 관심 있는 분이라면 부동산 투자를 취미삼아 하면서 즐기기를 권합니다. 투자해 놓고 짐이 되거나 고생을 하거나 울화통이 터진다면 그게 사람 사는 겁니까? 내가 투자하려는 부동산을 보러 다니는 즐거움, 그리고 그것을 찾아다니면서 그 지역 특산품이나 별미를 먹고, 그리고 부부나 친구나 지인들과 함께 하는 건강함과 행복감을 만끽하고, 그 부동산의 이용 계획을 구상하거나 그것을 가진 여유로움과 소유의 만족감 등이 있어야 합니다. 부동산 투자는 고역이 아니라 즐거움과 여유로운 삶을 지탱해주는 원동력이자 행복원이 돼야 합니다. 내가 보유하거나 처분하고 잊으라는 것은 이런 것 때문입니다. 수업료라 생각하고 이제는 투자하면 제대로 할 수 있겠지요. 그런데 그것을 끼고 전전긍긍하면 처분도 안 되고, 하는 일도 안 되고 모두 망치는 겁니다. 안 되는 것은 미리 포기해버리고, 그것을 교훈 삼아 새롭게 시작하는 게 빠릅니다.

투자할 부동산은 무수히 많습니다. 돈이 되는 부동산도 무수히 많습니다. 적게 벌고 많이 벌고의 차이가 있을 뿐입니다. 다만, 욕심에 눈이 멀어 단기간에 대박을 내겠다는 생각만 없다면 말입니다. 누구를 흠 잡거나 방해하자는 것이 아니고 몰라서 투자를 잘못하는 분들이 없기를 바라는 마음에서 글을 써보았습니다. 이런 부동산 관련 업체나 사람들이 하는 투자전략이나 물건들이 모두 나쁘다는 건 아닙니다. 부동산시장의 흐름이나 개발계획을 접하게 하는 아주 훌륭한 정보원이기도 하고, 부동산시장의 활황에는 주도적 역할을 하기도 합니다. 또는 일반인 개개인이 할 수 없는 것을 개발해서 공급해주는 긍정적인 면들도 있습니다.

모든 것을 흑백 논리로 볼 것이 아니라 좋은 것은 취하고, 나쁜

것은 버리는 양면성을 잘 이해하고 대응을 잘한다면 오히려 생활
에 큰 도움이 될 것이라고 봅니다.

이 세상에는 믿을 '놈' 하나 없습니다, 오직 나밖에는.

9

부동산 투자!
도로에 접한 땅이 '장땡'일까?
- 원만한 타협이 최고의 투자법이다.

부동산 투자를 하다가 문제가 생기면 법 운운하면서 해결책을 찾거나 한국형 법인 '떼법'이 최고인 줄 아는 분들이 많은 것을 보고는 깜짝 놀랐습니다. 그러나 이는 최선이 아닌 최후의 선택이어야 합니다. 더욱 확실하고 좋은 방법은 상대방과 협상을 통한 타협입니다. 즉, 가장 좋은 방법은 역지사지로 상대방을 이해하는 바탕에서 이뤄지는 타협이라는 것입니다.

여기서는 우리가 흔히 접하는 부동산 계약이나 임대차 매매 중에서도 토지 투자와 관련하여 그중에서도 도로에 접한 토지의 사례에 국한하여 이야기해보고자 합니다.

도로변에 접한 좁은 땅을 가진 경우

나의 고객이 가지고 있던 땅을 개발하면서 있었던 사례입니다.

이분은 도로에 접하지 않은 뒤의 땅 1,650㎡를 가지고 있었습니다. 그 땅을 개발하기 위해서는 가장 좋은 방법이 앞에 있는 땅 주인과의 타협이었습니다. 앞에 있는 땅은 도로 옆에 3미터 폭으로 100여 미터에 걸쳐있는 300㎡도 안 되는 땅이었습니다. 앞 땅 주인은 그 땅을 팔라고 하니 절대로 팔지 않겠다고 하다가 터무니없는 가격을 제시하기도 했습니다. 당시에 그 땅의 시세가 100만 원 정도 하는데 무려 500만 원을 달라고 하는 것이었습니다. 물론 뒤에 있는 땅은 70만 원 정도는 할 것이었으나 이렇게 해결이 어렵다면 그 가격도 불가능해집니다. 그래서 둘이 합병하여 절반씩 나누어 개발하자는 제안도 했으나 거부당했습니다. 170㎡를 주고 820㎡를 받게 되는 파격적인 제안이었습니다. 170㎡의 가격은 17,000만 원이고 820㎡의 가격은 57,400만 원이나 하는 차이였는데도 말입니다. 그리고 조금 더 생각하면 500만 원에도 구입할 수도 있었지만, 감정이 이미 상해 버렸지요.

결과는 어떻게 됐을까요? 그는 앞에 있던 땅의 매입을 포기하고 그 옆으로 있던 땅 2,300㎡를 다른 분과 함께 매입해서 진입도로를 내고 공장으로 개발해 버렸습니다. 그리고 그 옆에 땅에는 전

면에 근린생활 시설을, 뒷면에는 공장을 세워버렸습니다. 결국, 그 앞에 있는 땅은 그 땅 하나로는 건축도 하지 못하고 쓸모없는 땅이 되어 버렸습니다. 인제 와서 시세에라도 사달라고 하지만, 이미 엎질러진 물 그 가격에 살 필요가 없게 됐습니다. 이미 그 땅은 아무짝에도 쓸모없는 땅이 되어 버린 것입니다.

도로에 접하지 않은 땅을 개발한 경우와 협상하지 않은 도로변 땅 소유자

또 다른 사례를 한번 소개하고자 합니다.

내가 직접 개발했던 땅입니다. 내가 가지고 있던 땅이 600㎡, 다른 두 분의 땅이 2,000㎡가 있었지만, 도로에 접하지 않은 땅이었습니다. 그런데 다행히 도로 3.6미터가 접하면서 우리 땅 쪽으로 6미터로 길이가 12미터의 좁다란 50㎡의 땅이 하나가 있었습니다. 다른 투자자를 유치하여 내 명의가 아닌 다른 분의 명의로 된 땅과 진입로 사용할 땅 등 3필지 2,050㎡를 구입하여 합병하고, 2,650㎡의 땅이 도로에 2미터 이상 접하는 땅으로 만들어졌습니다. 그리고는 제조업 3개 동에 대해 건축을 하면서 6미터 도로를 만들었습니다. 진입도로 초입은 남의 땅이라 3.6미터에서 6미터로 12미터의 도로가 만들어졌습니다. 그래서 660㎡, 760㎡,

830㎡의 제조업부지를 만들고, 도로를 만드는데 400㎡가 들어갔습니다.

당시에 진입도로 전체를 6미터로 만들어야 할 것 같아서 진입로 변에 있는 땅주인과 약 22㎡ 정도 되는 땅을 도로로 매도해 줄 것을 요구하였습니다. 그렇지 않으면 1,350㎡인 그분의 땅을 매도해 주기를 바라며 협상했습니다. 당시 그 땅의 시가는 3.3 제곱미터 당 150만 원 정도였으나 도로로 매도 시에는 300만 원을 주려고 했습니다. 그러나 그 땅 주인은 어느 하나도 들어줄 수 없다는 답변만을 했습니다. 또 그분이 가진 땅의 중간으로 1.2 미터 폭으로 65㎡의 땅이 가로질러 있는 내 땅과의 맞교환을 요구하기도 했습니다. 22㎡와 65㎡의 맞교환이라면, 글쎄 응해야 하는 것 아닌가요? 그러나 그분은 어느 것도 수용하기를 거부했습니다.

이제 그 결과를 보겠습니다. 현재 그분은 앞에 있던 땅에다 건축하면서 22㎡를 도로 후퇴 선으로 물려야만 허가를 받을 수 있게 되어 그냥 도로를 내주는 아주 희생정신이 강한 고마운 분이 되었습니다. 또 자기 앞에 땅과 뒤에 땅 1,650㎡ 사이로 1.2미터로 65㎡의 땅이 가로막고 있어서 앞에 땅만 개발하고 뒤에 있는 땅은 개발하지 못하게 되었습니다.

그럼 왜 지금은 협상하지 않았느냐고 의심이 갈 것입니다. 제가 당시에 화가 나서 건폐율을 최대한으로 맞추는 바람에 이 땅 65㎡를 팔게 되면, 공장부지가 건폐율이 맞지 않아서 분할이 안 되기 때문에 그야말로 팔 수도 없게 된 것이 그 이유입니다. 결국, 뒤에 있는 이분 땅을 개발하려면 옆에 있는 다른 땅을 통하여야 하지만, 그 땅도 이미 개발된 상태라서 도로가 접하지 않아서 그냥 방치된 맹지로 있으며 개발 불능 상태의 땅이 되고 말았습니다.

이제 방법은 앞의 땅 주인이 갖고 있는 뒤에 있는 땅을 개발하려면, 땅 주인이 뒤에 공장을 사서 일부 철거하거나 현재 그 공장 주인이 그 땅을 싸게 사서 공장을 일부 철거하고 진입도로를 내는 두 가지 외에는 달리 해결책이 없게 되었습니다.

부동산 투자에서 타협이 최고라고 말하는 이유

이와 같은 사례들은 부동산 투자에서 아주 흔하게 겪는 일들입니다. 소위 말하는 알박기라는 것을 하다가 알박기가 아니라 애물단지가 되는 일을 현장에서는 얼마든지 볼 수가 있습니다. 특히, 돈 많은 분과 상대할 때에는 적당한 타협이 최고의 수라고 봅니다. 그들은 무한정 기다릴 수도 있고 아니면 다른 방법을 동원하여 내 땅을 쓸모없게 만들기도 합니다.

법으로 해결할 수 있다고요? 위 같은 경우에 법으로 해결 가능할까요? 이미 적법한 절차로 적법하게 처리된 것들입니다. 모든 일을 해결함에 있어서 저는 항상 역지사지로 생각하면 모든 일이 해결 가능하다고 봅니다.

언제나 법에서 허용하거나 관습에서 용인하는 해결이 가장 좋을 것이고 어떤 상황에서도 정답이란 하나가 아니라는 것입니다. 법보다는 타협이 가장 좋은 방법이라는 것 잊지 말고, 그것이 나에게 돈이 되는지 안 되는지를 가지고 판단하면 됩니다. 부동산 투자란, 돈을 벌기 위한 것이니까요!

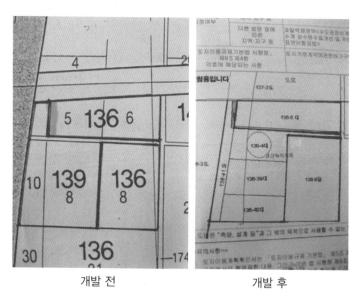

개발 전   개발 후

10

부동산 투자의 정답은?

- 누구에게나 다 좋은 부동산은 없다

제가 10여 년의 짧은 기간에 부동산업계에 종사하면서 터득한 것이 한 가지 있습니다. 이는 '부동산 시장에서는 정답이 없다'라는 것입니다. 그리고 '부동산에는 정가가 존재하지 않는다'라는 것입니다. 아니 세상살이 자체가 정답이란 존재하지 않는지도 모릅니다. 무슨 뚱딴지같은 소리를 하느냐고 반문할 분들이 있을지 모르겠습니다.

자 한번 일례를 들어 보겠습니다. 여러분이 다 잘 아시는 서울 명동 어느 곳의 상업지역 땅이 있습니다. 이 땅은 누구나 가장 비싼 땅이라고 알고 있고 누구라도 차지하고 싶어합니다.

그럼 과연 이 땅이 우리나라에서 누구에게나 가장 좋은 적합한 땅이라고 말할 수 있을까요? 그곳에서 은행 등 영업점이나 상가 등 상업할 분들에게는 가장 좋은 땅이면서 적합한 용도로 사용할 수 있을지 모르겠습니다. 그러나 같은 상업용이라 하더라도 문구점이나 마트나 이런 것이라면 가장 좋고 적합한 용도라고 말할 수 있을까요? 극단적으로 농원이나 농사를 짓고자 하는 분들에게는 과연 이 땅이 어떤 땅일까요?

부동산 세미나를 가면 가장 많이 추천하는 주거용 부동산을 볼까요? 강남의 무슨 아파트, 용산, 송도 등등, 과연 그런 곳의 아파트가 우리나라 국민 몇 퍼센트에 좋은 것일까요? 물론 그곳에 산다면 누구나 좋은 아파트임에는 틀림이 없겠지요. 그러나 그 아파트를 구입해서 살아갈 수 있는 사람은 국민 전체에서 10%도 안 될 겁니다. 그런데 그 아파트가 좋은 것이라고 말들을 합니다. 아마도 거의 절반 가까이는 공짜로 살라고 해도 관리비나 생활수준 차이로 견디지 못하고 이사를 나올 수밖에는 없는 곳이 이런 아파트가 아닐까요? 이렇듯 이 세상 어디에도 누구에게나 좋은 물건은 없습니다. 또한, 누구에게나 적당하다 할 수 있는 정가란 없습니다. 그냥 공급과 수요에 의하여 용도나 가격이 정해지는 것입니다.

그런데도 우리는 저 높은 곳을 향하여 고개를 바짝 뒤로 제치고 쳐다보고 살아 갑니다. 왜 좌우는 둘러보지 않고 아니 내려 다보지는 않고 살아가는 건가요. 물론 앞만 보고 달려온 그런 무모하게 희생한 세대가 있었기에 오늘날 우리가 여기까지 왔는지도 모릅니다.

요즈음도 부동산 투자한다면서 좋은 땅이나 좋은 물건 소개 시켜 달라고 합니다. 그분이 어떠한 조건인지도 모르는데, 어떤 것이 좋은 건지 어찌 압니까? 중개업을 하는 분들이 모두 점쟁이나 도사들도 아닌데 말입니다. 그건 도사들도 모릅니다. 세상 돌아가는 이치는 아무도 모릅니다.

부동산 투자에서 실패하지 않으려면 투자자에게 맞는 가장 좋은 물건을 적정한 가격에 사고파는 것이라고 봅니다. 그러려면 명동의 땅이나 강남의 아파트가 아니고 그 투자자가 가진 자금의 성격이나 투자기간, 그리고 가장 중요한 하고자 하는 용도, 성향 등등이 잘 어우러져야 합니다.

제가 처음 이 일을 시작할 때에 많은 분이 농지는 그 마을의 이장님을 통하여 구입하면 좋은 물건을 값싸게 속지 않고 구입할 수 있는 방법이라고 했습니다(그런 책도 있음). 그러나 이것 역시 정답은 아닙니다. 이장님은 결국 논을 사주고 직접 자기가 임차하여 짓거나 아니면 관리해 주어야 합니다. 그러자면 농사를 짓기 좋고 관리하기 좋은 땅을 소개해주지 투자자에게 돈 되는 땅을 소개하지 않습니다. 즉, 요즘 얘기하는 관리지역의 경지정리 되지 않은 용도변경이 가능한 땅을 소개하지 않고 농림지역의 경지정리 된 논을 소개한다는 것입니다.

그럼 이건 정답이냐? 그렇지는 않습니다. 자기가 갖고 있거나 친척들 것이라면 그런 것부터 팔아 줍니다. 당시에는 용도변경보다는 그냥 묵혀두는 투자를 했던 시기이지만 말입니다. 바로 그 어디에서도 부동산 투자에서는 정답이 없다는 것입니다.

가끔은 이런 분들이 있습니다. '틈새시장을 공략하여 돈을 벌라'는 분들 말입니다. 이건 정답이냐? 그것도 아닙니다. 예로서 묘지가 나올만한 임야를 투자한다면 돈이 된다는 것입니다. 그런데 묘지 허가가 나올 수 있는 조건이 되면 다 묘지를 쓸 수 있는가? 아닙니다. 묘지로 가는 마을이나 민가 등에서 민원이 있거나 하면 '도로아미타불'입니다. 특히 시골은 외부인에게 매우 배타적이기도 합니다. 헌법보다도 우선한다는 '떼법'이 있듯이 대부분 시골마을에는 그 지역에 내려오는 관습법들이 있습니다. 현지 주민들과의 유대관계나 이해관계가 매우 복잡하게 얽혀 있다는 것입니다.

이래도 부동산을 아무나 할 수 있다고? 법만 알면 할 수 있다고? 누가 그런 겁도 없는 소리를 한답니까? 부동산은 모든 것의 종합판입니다. 아니 인생살이의 종합판보다도 더 종합판입니다. 이래도 피땀 흘려 모은 재산을 투자하면서 대충 하시렵니까? 세상은 그리 녹록하지 않습니다. 모두가 나의 적이고 모두가 나의 약점을 노리고 있습니다. 하물며 정답이란 없는 부동산 투자 시장에서야 말해 무엇 합니까?

부동산 투자에서 성공하려면 꾸준한 관심과 노력으로 정보와 지식을 내 것으로 하고 종자돈을 불려 투자자금을 만들어서 실천하여야만 합니다.

이 세상에 누구에게나 다 좋은 부동산은 없습니다. 나에게 가장 적합한 부동산에 제때에 투자하여야만 부동산 투자로 성공할 수가 있습니다.

11
심지 않고 거둘 수는 없다
- 부동산 투자! 실천한 만큼 성공한다.

이 세상에 모든 것이 심지 않고는 거둘 수 없습니다. 이는 모든 세상의 이치입니다. 그런데 많은 사람이 어느 날 갑자기 대박이 터지거나 아니면 노다지가 나오기를 바라고 있습니다. 그러나 이러한 결과란 있을 수가 없습니다.

부동산 투자에서는 더더욱 그렇습니다. 투자하지도 않았는데 대박을 낼 수는 없습니다. 알지도 못하고 투자했는데 떼돈을 벌 수는 없습니다. 어쩌다 벼락에 맞아 죽을 만큼의 확률로 그럴 수는 있을 겁니다. 그래도 과거에는 정보의 차단이나 무지나 개발성장으로 그럴 기회가 좀 더 많았지만, 지금은 정보의 공개와 개발의 완화 등으로 그럴 기회가 거의 없다고 봐야 할 것입니다.

이 세상에 원인 없는 결과는 없습니다. 심지도 않았는데 거둘 수는 없습니다. 소나기도 수증기가 하늘로 올라가서 냉기와 만나야만 내릴 수 있습니다. 모든 식물의 씨앗도 심어야만, 아니 심어져야만 자랄 수 있으며 꽃도 피우고 열매도 맺을 수 있습니다. 또한, 이 씨를 심는 시기도 제때에 심고 제때에 거두어야만 큰 수확을 할 수 있습니다. 또 적합한 토양에다 심고 잘 자랄 수 있도록 비료도 주고 농약도 치고 잘 가꾸어야만 좋은 물건을 수확할 수가 있습니다. 아무 때나 심어도 안 되고, 아무 때나 거두어도 안 되며, 아무 곳에나 심어서도 안 되고, 심어 놓고 돌보지 않아도 안 됩니다.

우리는 그런 것을 책이나 경험을 통해서 알고 있습니다. 부동산 투자에서도 마찬가지입니다. 아무 때나 투자하고 아무 때나 팔아치운다고 되는 것이 아니며, 아무 곳에 아무렇게나 방치해서도 되는 것이 아닙니다. 또한, 이를 잘 만들 수 있도록 지식을 갖고 있고 항상 잘 만들어야 하며, 또한 준비를 하고 있어야만 합니다. 준비한 자는 언젠가는 써먹을 기회가 옵니다, 그 기회를 유용하게 잘 활용하면 준비 안 된 자보다는 더 좋은 결과를 얻을 수 있습니다. 준비가 안 된 자는 써먹을 기회도 없습니다. 준비된 자는 언젠가는 기회가 주어집니다.

지금도 사회에서는 부동산에 투자하여 돈을 벌거나 하면 투기

꾼이라고 손가락질하거나 시기하는 분들이 많이 있는 것 같습니다. 가치가 오르는 것 돈이 되는 것에 투자하여 이득을 챙기려는 것은 자본주의 아니 인간이 살아가면서 항상 이루어지는 일입니다. 누구나 돈 되는 일을 하려고 하는 것이 이치입니다.

장사하거나 사업하는 분들이 돈을 벌려고 하지, 사회에 봉사하려고 하는 것은 아닙니다. 직장 생활을 하는 분들도 모두 다 돈을 벌려고 더 나은 직장 더 높은 자리로 오르려고 발버둥을 치는 것 아닌가요? 부동산 투자도 마찬가지입니다만 아무나 할 수 없으므로 많은 분의 시기 대상이 아닌가 합니다. 이는 과거에는 어느 특정집단의 정보 독점과 기회 불균형으로 인한 것이라고 봅니다. 하지만, 지금은 정보의 공유와 지식의 공유와 기회의 균등으로 누구나 접할 수 있습니다.

그러므로 부동산 투자를 나쁜 것이나 악으로 몰아서는 안 됩니다. 그런다면 장사하는 사람들도 모두 나쁜 사람들인 셈입니다. 부동산은 불로소득이라서 그런다고요? 부동산이 어째서 불로소득인지 나는 이해할 수 없습니다. 실제로 부동산 투자는 엄청난 노력과 시간과 돈을 투자해야 얻어지는 수익입니다. 남들이 관심도 두지 않고 있을 때 관심을 두고 이리 뛰고 저리 뛰고 하면서 얻어진 결과인 것입니다. 지금 이 시간에도 사회교육원이나 대학교, 학원, 개인시설 등에는 수많은 전문가과정이 있고 수많은 분이 주경야 독하거나 전업으로 교육을 받고 있습니다. 이렇게 부동산에 관심 있는 수많은 분이 평일이나 공휴일을 가리지 않고 전국 방방곡곡을 누비고 있습니다. 이들에게 손가락질하면서 투기니 불로소득이니 하는 수많은 분이 저녁이면 인터넷이나 TV 등에 빠져 있거나 공휴일이면 산으로 야외로 유원지로 놀러다니고 있을 때에 말입니다.

사회교육원의 전문가과정에 들이는 시간과 돈이 상상 이상입니다. 한번 참석하면 3시간 정도이고 이동시간 포함하면 5~6시간 이상을 투자하고 있으며, 그 비용도 대부분 3~10만 원 정도가 됩니다. 현장답사 투어가 있는데, 이 또한 종일 시간을 내야 하고 비용도 3~10만 원 정도나 하는데도 많은 분이 참여하고 있습니다. 과연 이들이 투자하는 그 부동산이 투기라고 누가 말할 수 있겠습니까? 부동산에 투자한다고 해서 불로소득이라고 손가락질하거나 야유하고 시기하는 대부분의 사람은 이 시간과 이 돈을 관광이나 여가나 유흥 잡담으로 보내고 써버리지는 않는지요?

노력하고 투자한 만큼 거두어지는 것이 세상의 이치입니다. 한번 관심 있게 주위를 둘러보십시오. 부자들이 살아가는 모습을 말입니다.

잘된 곳에다가 좋은 것을 심어라. 나쁜 것은 심지도 마라. 나중에 심은 대로 거두는 것이니라.

12
부자가 되고 못 되고는 선택의 차이

우리는 태어나 살면서 누구나 열심히 살아갑니다. 그러나 누가 보아도 열심히 살아가나 사는 게 신통치 못한 사람도 흔히 볼 수 있습니다. 흔히 말하듯이 노는 날 없이 죽도록 열심히 일합니다. 그렇다고 남들 다하는 외국여행을 하는 것도 아니고, 백화점이니 명품점을 찾기는커녕 쳐다보지도 못하며, 소위 말하는 게으름이나 낭비라고는 어디서도 찾아볼 수가 없는데, 왜 그들은 잘살지 못하는 것일까요?

이러한 의문을 가지고 바라보게 된 것도 지천명을 넘기고 나서의 일입니다. 나 또한 그들처럼 허리띠 졸라매고 앞만 보고 열심히 살아온 사람 중의 한 사람입니다. 아마 내 나이 또래 중에서 나만큼 근검절약하고 열심히 살아온 사람도 없다고 자부할 수 있을 정도입니다. 그러나 나는 잘살지 못했습니다. 아니 부자로 살 수가 없었습니다. 그렇다고 사회에서 성공한 사람도 못되었습니다. 왜일까요?

우리는 보통 열심히 산다고 하면 먹을 것 입을 것 아끼며 열심히 일하는 것으로 받아들입니다. 노력하며 살아야 한다는 강박관념으로 실제로 자기가 할 수 있는 모든 힘을 쏟아 붓습니다. 나도 이처럼 살았으나 이것이 잘못되었음을 지천명에 이르러서야 깨달았습니다. 그리고 선택의 중요성을 알았습니다.

선택이 잘못됐을 때 그 노력은 허사이고, 열심히 산다는 것도 의미가 없다는 것을.

선택이란 무엇인가? 바로 방향을 바로 잡는 것입니다. 방향이란 내가 살아갈 목표에 대한 방향을 말합니다. 따라서 올바른 선택을 해야만 합니다. 그런 후에 열심히 살고 노력을 하며 최선을 다하는 과정이 필요한 것입니다.

휴가를 떠난다고 해볼까요? 집을 나서서 어디로 갈까? 그래 열심히 가면 어딘가 나오겠지. 무작정 고속도로를 달리니 어디가 나올까? 부산, 목포, 강릉, 인천 등등, 아니면 대관령 꼭대기가 나왔을까? 무작정 열심히 달린 결과입니다. 그러나 목적을 가지고 바다로 가기로 하고 해수욕장으로 정했습니다. 해수욕장 중에서도 갯벌이 있는 서해안 해수욕장으로 갈지, 자갈이 아름다운 몽돌해수욕장, 수심이 깊고 맑은 동해안 해수욕장 등에서 한 곳을 선정했다면, 그곳 중에서도 내가 가장 가보고 싶은 어느 해수욕장을 선택했습니다.

이번에는 가는 길을 선택해야 할 것입니다. 고속도로로 갈까? 아니면 국도를 타고 여유롭게 가볼까? 가다가 어디 계곡도 들려서 갈까? 아니면 더 빠른 지름길은 어디일까? 여러 길을 비교하고 바로 도착지까지 가는 좋은 길 하나를 선택합니다. 도착지까지 가는 빠른 길을 선택하였다면 그다음은 바로 어떻게 갈 것인지를 선택합니다. 어떤 차로 가는 것이 안전하고 좋은지, 혼자 갈 것인지, 경비를 절감하며 심심하지도 않게 여럿이 재미있게 갈는지, 운전은 어떻게 하는 것이 절약하고 가는 것인지 등입니다.

바로 목적지를 선택하고, 그 목적지에 가는 방법과 절약하면서 가는 방법을 선택하고, 그런 후에 재미있게 편하게 빠르게 가는 방법을 선택하고, 가다가 휴게소에서 잠시 쉬면서 제대로 가고 있는지 살펴보는 등 효율적인 목적지도착을 위해 모든 노력을 기울이고 실천한다면 빠르고 편리하면서도 즐겁게 목적지에 도착하게 될 것입니다. 아하! 요즘은 내비게이션이 있네요. 스마트폰이 더 좋다고도 하네요. 돈이 없어 그것을 못 달았다면 인터넷에서 길 찾기를 할 수도 있고, 그것도 못했다면 지도책도 있습니다. 아니면 주변에 물어보면서 가는 방법도 있습니다.

바로 이러한 것들이 소위 말하는 인생의 멘토(mentor)가 아닐까요? 어려서는 부모님이나 이웃들, 학교에서는 선배나 선생님들, 사회에서는 선배나 상사들, 재테크에서는 경험자나 전문가들…. 우리가 살아가면서 수많은 멘토를 만나고 헤어지기도 합니다. 때로는 내가 다른 사람의 멘토가 될 수도 있겠지요. 자기가 느끼고 지내든, 모르고 지내든 간에 우리는 멘토(mentor)가 되기도 하고 멘티(mentee)가 되기도 하면서 살아갑니다. 그런데 잘못된 멘토를 만난다면 그 결과는 어떨까요? 바로 아무리 노력을 하고 열심히 살아도 제자리걸음하고 있지는 않을까요?

그렇다면 선택의 결과는 언제 나타날까? 지금의 현상은 과거에 선택된 결과입니다. 바로 당신이 선택한 과거의 결실이 오늘 나타나는 것입니다. 명예도, 권력도, 부도 아니 내 삶의 모든 것이. 당신은 과거에 선택한 결과가 지금 어떻게 나타나고 있나요? 당신이 바라던 그대로 나타났나요? 그렇다면 당신은 바른길을 선택하고 실천했습니다. 아니면 생각한 반대로 나타났나요? 그렇다면 당신은 잘못된 선택을 하고 열심히 앞만 보고 달려온 것입니다.

지금이라도 현재의 나를 돌아보고 앞으로의 나를 그려보면서 제대로 가고 있는지, 아니면 잘못 가고 있는지를 한번 점검해 보아야 합니다. 그래서 오늘보다 더 나은 내일을 열어 갑시다. 우리는 항상 선택의 갈림길에 서 있습니다. 오늘 이 시간, 이 순간에도 말입니다.

다시 한 번 강조하여 말하지만, 부자로 가는 길에는 여러 가지가 있을 수 있습니다. 또한, 어느 목적지에 가는 방법에도 여러 가지 방법이 있습니다. 고속도로를 이용해서 가는 사람이 있고, 일반 국도를 타고 가는 사람도 있고, 지방도를 타고서 돌아가는 사람도 있고, 좁은 마을 길을 통해 돌아가는 사람도 있고, 산길로 접어들어 헤매고 가는 사람도 있고, 모두 다 나름대로는 열심히 앞만 보고 노력하면서 달려가고 있습니다.

결과는 선택에 따라 달라집니다. 고속도로를 달려서 오는 사람은 일찌감치 부자 대열에 안착할 것이고, 국도를 타고 온 사람은 그래도 뒤늦게나마 부자 대열에 끼겠지요. 그러나 지방도로를 타고 온 사람은 중간쯤에서 처져 있을 것이고, 좁은 마을 길을 타고 돌아오는 사람은 중간도 채 못 왔을 것이고, 산길로 접어든 사람은 지금도 제자리에서 헤매고 있을 것입니다. 아! 또 있습니다. 아예 출발할 생각조차 하지 않는 사람….

또 다른 예를 하나 들어 볼까요? 서울에서 부산 가는 길이나 방법은 많습니다. 부산이 부자라고 하고 주어진 시간은 하루라고 할 때 한번 생각해 보세요. 고속도로에 진입하는 길을 잘 아는 사람은 한 번에 막힘 없이 고속도로를 타고 5시간 정도면 부산에 도착합니다. 고속도로에 진입하는 길을 잘 모르는 사람은 간선도로에서 진입도로를 찾다가 뒤늦게 고속도로에 진입하여서는 10여 시간 정도가 지나서야 부산에 도착할 것입니다. 그런가 하면 동네 골목길에서 간선도로에는 진입했으나, 고속도로 진입을 못하고 왔다갔다 헤매다가 20여 시간이 지나서야 도착한 사람도 있습니다. 길치라서 골목길에서 헤매다가 겨우 간선도로를 통해 고속도로에 진입했으나 대전도 가지 못한 사람도 있고, 아직 간선도로나 골목길에서 헤매는 사람 등 다양합니다.

위에서 고생은 누가 했나요? 가장 험난하고 힘든 일을 열심히 한 사람은 아직도 골목길을 누비는 사람입니다. 가장 편하게 간 사람은 비행기로 간 사람이겠지요. 이처럼 아무리 노력하고 열심히 한다고 해서 목적지에 먼저 도착했나요? 그 험난한 장애를 극복하고 앞만 보고 가서 목적지에 먼저 갈 수 있었나요? 넓고 편하고 빠른 길을 선택해서 간 사람이나 다른 탈것을 이용해서 편하게 간 이들을 당할 수 있었나요? 그럼 이 차이는 어디서 나옵니까? 바로 내가 선택한 방법, 바로 선택의 차이입니다. 올바른 선택을 위한 정보를 알고 그를 실천하는 것만이 옳은 방법입니다. 우리는 그 올바른 선택을 위해서 노력해야 하는 것입니다. 무작정 노력하고 열심히만 한다고 해결되는 것이 아닙니다.

바로 우리가 찾고자 하는 길은 부자로 가는 넓고 빠른 지름길을 알고자 하는 것입니다. 그러나 그 편한 지름길을 함부로 알려주지 않습니다. 그 길을 찾고자 노력하는 사람에게만 알려주는 것입니다. 길을 가는 사람이 아무런 의사표시도 하지 않는데 어떻게 알고 알려주겠으며, 물어보지도 않는데 어떻게 알고 가는 길을 알려 주겠습니까? 본인 스스로 부자로 살아가겠다는 목표 아래 부자가 되겠다는 신념과 부자가 되려는 의지를 갖추고, 배우고, 익히고, 실행할 때 부자가 되는 지름길을 찾을 수 있습니다.

대부분의 사람은 부자가 되려고 생각은 하지만, 그 길을 찾으려고 하지는 않습니다. 부자가 되기를 바라지만 부자로 가는 넓고 빠른 길을 찾으려고는 하지 않습니다. 바로 그 길을 언론이나 인터넷 매체나 카페, 동아리 등이나 부동산 전문가들의 강연, 세미나, 경험자, 책 등에서 알려주고 있지만, 대다수의 많은 사람은 콕 집어 주기만을 바랍니다. 스스로 그 길을 찾으려 하지는 않습니다.

이 책을 읽는 독자분이나 네이버 카페 '부동산으로 다 같이 부자 되기 위한 재테크 모임' 회원은 이미 그 길을 찾아 나선 분들입니다. 다른 이들보다는 벌써 한 발짝 앞에 있는 것입니다. 이제 넓고 빠르고, 그러면서도 가장 큰 부자로 가는 그 길을 찾아야 합니다. 그러기 위해서는 서로 가진 정보나 자료를 나누고, 그동안의 성공이나 실패의 경험담을 나누며, 자기만이 아는 지역의 정보를 공유해서 다 같이 부자 되는 길을 찾아 나서야 합니다.

부자가 되느냐 마느냐는 태어난 것이 어떠하든, 살아가는 것이 어떠하든, 얼마나 열심히 사느냐가 중요한 것이 아니라, 부자로 가는 길을 제대로 알고 찾아가는 선택과 실천의 차이에 달렸습니다.

13

토지 투자의 대박을 믿는 당신에게!

얼마 전 아는 지인으로부터 토지 투자로 50%의 수익률을 올렸다는 얘기를 들었습니다. 과연 그 50% 수익률이 어떻게 나오는지 한번 알아보겠습니다.

그는 농지를 10억 원에 구입했다고 합니다. 자기자본금 5억 원에 융자금으로 잔금 5억 원을 치르기로 하고 잔금 지급일은 6개월 후로 했습니다. 명의는 ○○○ 외 1인으로 하고 매도인 명의로 건축허가를 받았답니다. 그리고는 12억 5천만 원에 매도했답니다.

단순한 투자자는 자기자본금 5억 원을 투자하여 2억 5천만 원이 남았으므로 수익률이 50%라고 합니다. 그럼 자세히 살펴봅시다. 우선 차익이 2억 5천만 원이 남았으니 양도세 50%를 내야 합니다. 양도세만 1억 4천만 원입니다. 다음 건축허가를 냈으니 허가비용이 최소한 1천만 원은 들었을 것입니다. 농지전용부담금 등 추가비용은 제3매수자에 부담을 지우더라도 말입니다. 그렇다면 양도세 1억 4천만 원과 허가비용으로 1천만 원, 그리고 중개수수료가 적어도 2천만 원이 들었다고 볼 때, 총 1억 7천 만 원이 없어지니까 실제 순이익은 1억 4,700만 원에 불과합니다. 그렇다면 수익률은 16%가 됩니다. 좀더 과하게 '업다운'으로 양도세를 내지 않았다고 하더라도 차익이 2억여 원이므로 수익률은 40%에 불과합니다.

여기서 한마디 더 한다면 이러한 내용을 알고 있는데, 과연 애초 매도인이 양도세 부담분만 받고 그렇게 해줄 것인지와 중개수수료는 과연 법정 수수료만으로 가능할지 의문입니다. 허가에 따른 농지전용부담금이나 개발부담금 등을 제3매수자가 모두 부담할지도 모르는 일이고, 대출금의 이자까지 따진다면 실제 수익률은 이보다 훨씬 못 미칠 수 있습니다.

위의 사례에서 보듯이 단순한 계산법에 따라서 5억을 투자하여 2억 5천만 원을 남겼다고 하나, 정확히 계산하면 최소한으로 해도 5억을 투자하여 2억 원 남겼으며, 다른 부분에 대한 부담이 늘어난다면 5억 투자하여 1억의 수익도 못 내는 결과가 나옵니다.

그런데도 사람들은 단순하게 5억을 투자하여 2억 5천을 남겼다고 말합니다. 결국, 토지에 투자하는 많은 사람이 모두 그러한 말만 믿고 토지에 투자하면 대박이 나는 줄 알고 있습니다. 그리고 1년 이내에 50%, 심지어는 100% 이상의 수익을 기대합니다. 물론 어떤 특정 물건이 그럴 수는 있습니다. 그러나 이것은 로또복권에 당첨될 확률에 가깝습니다.

지난 과거에는 토지에 투자하면 1년에 1배, 즉 10년을 투자하면 10배 이상 상승했습니다. 아니 그 이상 상승한 것도 많았습니다. 물론 앞으로도 일부 부동산에서는 이에는 좀 못 미치겠지만, 그럴 수 있으며 실물이나 금융보다는 수익이 높을 수 있습니다. 이를 반영한 것인지 최근 조사에서 60%에 가까운 사람들이 돈이 생기면 토지에 투자하겠다고 합니다.

그러나 지금은 투자환경이 많이 바뀌었습니다. 부동산 구입과 처분에 실명제에 의한 실거래가가 이루어지고 있고, 양도소득세가 투명하게 부과되고 비과세나 감면제도가 엄격하게 심사되는 등 투자환경이 매우 어렵게 되었습니다.

세계적인 투자가인 워렌버핏의 연평균 투자수익률이 13%라는 사실을 알고 있습니까? 저는 투자자들에게 감히 말합니다. "연

투자수익률이 10%를 넘으면 투자하십시오(은행금리 4% + 물가 상승률 4% + 위험 부담률 2%). 그리고 수익률이 연 15%가 넘으면 대박을 내는 것입니다." 은행금리 3~4%대, 저축은행 등 5~6%대에는 만족하면서 부동산 투자에서는 15%도 적다고 몇 배를 바라는 것을 이해할 수가 없습니다.

부동산에 투자하십시오. 욕심을 조금 버리시고 멀리 보고 투자하십시오. 반드시 투자한 부동산이 당신의 생활을 풍족하고 윤택하게 보장해줄 겁니다. 지금 시작하는 당신은 진정한 부자가 될 겁니다.

한동안 기획부동산이, 또 한동안은 피라미드 유통이, 요즈음엔 금융 피라미드에 대한 기사가 난 것을 봤습니다. 이 모두가 대박의 환상에 빠진 사람들을 유혹한 결과로 결국 그들의 돈과 삶이 망가집니다. 이 세상에 어느 누가 생판 모르는 사람에게 대박을 안겨주겠습니까? 그렇게 좋은 돈벌이가 있다면 자기가 먼저 합니다. 다음은 가족이나 친척이나 친구들에게 주겠지요. 아무리 사촌이 땅을 사면 배가 아프다지만 말입니다.

이 모든 게 바로 한탕주의 대박의 환상에 빠져 있기 때문 아닐까요?

14

토지예찬 - 토지란?

부동산이란 무엇인가? 부동산은 '토지와 그 위의 정착물'이라고 한다.

정말 그럴까? 일반인들은 부동산이라고 하면 아파트나 상가를 떠올린다. 조금 더 나아가면 공장이나 빌딩, 그리고 나서 토지라고 생각한다. 그러나 진정한 부동산은 토지뿐이다. 아파트, 상가 등 건물은 생산품이다. 부동자산이 아닌 동산에 가깝다는 것이다. 그래서 가치투자에서는 대지, 즉 토지의 면적을 가장 중요하게 여긴다. 그래서 토지가 진정한 부동산이라는 것이다.

나는 토지를 다음과 같이 결혼에 빗대어 분류한다. 농지나 임야는 미혼자이다. 왜냐하면, 어떤 상대를 만나느냐에 따라 용도와

가치가 달라지기 때문이다. 그리고 무한한 가능성이 열려 있는 땅이다. 미혼자가 상대를 만나기에 따라서 결혼생활의 가치가 달라지는 이치와 같은 것이다.

건물이나 공작물이 설치된 토지는 기혼자이다. 이미 용도가 정해져 있어 미우나 고우나 같이 가야만 한다. 기혼자의 경우 상대방과 호흡을 맞추며 잘 살아가면 모두가 부러워하는 가정이 된다. 그러나 때로는 잘못 만나면 원수보다도 못할 때가 있다.

낡은 건물이 들어 있는 토지는 황혼기의 인생이다. 낡은 건물을 헐어내고 새로운 건물을 짓거나 용도가 변경되어 새롭게 태어날 수 있기 때문이다. 황혼기의 노후에는 좋은 동반자와 같이하는 삶도 있을 것이고, 새로운 반려자나 동무를 만나서 보람된 삶을 살아갈 수도 있는 것과 같은 이치다.

맹지나 구거, 하천, 도로, 유지 등은 결손가정이라고 할 수 있다. 그 자체로는 하자가 있어 용도나 가치에서 별 볼일이 없다. 그러나 조금만 손을 보아 정비하거나 하면 가치가 올라간다. 결손가정의 구성원에게 새로운 짝을 맺어주거나 재활교육 등을 시켜서 사회의 일원으로 만드는 것과 같은 이치이다.

진정한 부동산 투자자란? '그 땅의 가치를 인정하고 그에 맞는 용도로 사용할 수 있도록 보전 관리하고, 그 땅의 진정한 임자에게 넘겨주는 것'이라 할 수 있다. 그저 투자하고 기다리면 그 땅은 알아서 임자를 찾아주거나 스스로 쓸 용도를 찾아주게 된다. 즉, 그 땅을 꼭 필요로 하는 사람이 매수하겠다고 나서거나 정부나 지자체 등에서 개발계획이나 도로개설 등 다른 용도로 활용하게끔 여건을 만들어주는 것이다.

부동산의 가격이 어떻게 정해진다고 보시는지요? 저는 사람의 발자국 수에 비례한다고 봅니다. 가장 비싸다는 명동의 땅은 하루에도 수만의 인파가 밟아대므로 억대가 되는 것이고, 가장 싸다는 경상도의 한 임야는 일 년에 한두 번도 밟아 보지 아니하므로 값이 싸다는 이야기입니다. 수도권의 땅과 지방의 땅값 차이는 이처럼 사람들이 지나가는 발자국 수에 비례하여 가치가 정해지는 것입니다. 그래서 새로운 길이 개설되거나 용도지역을 바꾸면 땅값이 뛰어오르는 것입니다.

그리고 곡식은 주인의 발걸음 소리를 듣고 자란다고 합니다. 땅도 이와 같은 이치입니다. 가까운 곳에 투자하여 그 땅이 잘 커 나가도록 보살펴주어야 합니다. 그래야 개발정보나 주변의 변동에 능동적으로 대처할 수 있습니다. 더군다나 요즈음 터진 세금핵폭

탄을 피해가는 투자 요령이기도 합니다. 미개발지 땅은 미성년자가 부모의 손이 필요하듯 주인의 관심과 손길이 필요합니다.

15

토지(농지·임야)에 투자하려는 분들에게 고함!

부동산 시장의 현황에 관한 이야기는 전문가들의 의견이나 언론을 통해 자주 접했으니 잘 알고 있을 것으로 생각합니다. 여기서는 내가 바라보는 토지시장과 투자에 임하는 자세 등에 대하여 이야기하고자 합니다.

올해의 토지시장은 그다지 밝지는 않다고 하겠습니다. 그동안 꽉 막혔던 토지보상이 일부 지역부터 풀려서 큰돈이 나오긴 하겠으나, 투자심리가 얼어붙어 있어서 쉽게 부동산 투자로 이어지지는 않을 듯 보입니다. 또한, 과거에는 토지보상금의 40~50% 정도가 다시 토지시장으로 투자되는 경향이었으나, 요즈음은 수익성 상품인 빌딩이나 근린상가 등으로 몰리면서 토지에 대한 투자 비율이 낮아진 것 역시 엄연한 현실입니다.

그러나 크게 염려하지 않아도 될 것은 일부 부동산 전문가들의 권유로 수익성 부동산을 구입한 일부의 투자자들로부터 수익성 부동산이 당장 수익은 있으나 그 오름폭이 토지시장을 따르지 못한다는 불만이 나오고 있다는 사실입니다. 따라서 토지시장뿐 아니라 전반적인 부동산 시장이 기지개를 켜는 순간 돈이 있는 발 빠른 투자자들이 토지시장에 다시 나타날 것으로 보입니다. 이미 많은 분이 토지시장을 기웃거리기 시작했고, 물밑에서는 꽤 큰돈을 가진 분들의 발 빠른 움직임이 감지되고 있기도 합니다.

부동산은 지역, 물건 선택과 함께 매수와 매도 타이밍이 매우 중요합니다. 인생을 살아가는 모든 것에 있어서도 선택과 타이밍이 매우 중요하다고 생각합니다. 어떠한 것을 언제 선택했느냐가 모든 것을 결정한다고 해도 과언이 아닙니다. 이 타이밍을 잡느냐, 잡지 못하느냐에 따라 성패가 갈립니다. 제가 직장에 다닐 때 같이 근무하던 직원들에게 흔히 하던 말이 있습니다. '어떤 일을 추진할 때 윗사람이 이러한 일을 추진해 주었으면 하고 생각하기도 전이나 하려고 할 때에 결재를 올리는 사람, 윗사람이 이러한 일을 추진해 달라고 지시를 내린 후에 즉시 결재를 올리는 사람, 윗사람이 이러한 일을 추진해 달라는 지시를 했는데도 결재를 안 올리는 사람 등 세 부류의 사람이 있다면 윗사람은 누구와 일을 하고 싶겠냐고?' 첫 번째 사람처럼 윗사람이 전혀 생각하고 있지 않은 시점에서 미리 결재를 올리면 이게 바로 타이밍 아닐까요?

본론으로 다시 돌아가겠습니다.

과연 지금이 토지에 투자할 때인가 하는 것입니다. 여러분의 생각은 어떠신가요? 지금 바로 당신이 생각하는 그것이 올해의 부동산 시장의 바로미터입니다. 올해는 부동산시장이 좋지는 않다고 했습니다. 그럼 지금의 시장은 구입할 때인가요? 아니면 부동산을 팔아야 하는 때인가요? 또 현재까지도 세계적인 금융위기에 푹 잠겨 있나요? 아니면 조금씩 회복되는 중인가요? 모르시겠다고요? 저도 모릅니다. 그럼 전체적인 분위기로는 어떠한 시기라고 보이나요? 그동안 금융위기해소를 위해서 각국에서 퍼부은 돈들, 흔히 유동성 자금이라는 그 많은 돈이 인플레 등을 자극할 우려가 있다고 합니다. 그럼 전체적인 경기와 부동산 경기는 죽을까요? 살아날까요?

나는 거시적인 경기는 물론 미시적인 경기 흐름도 볼 줄 모르는 촌부입니다.

그러나 캄캄한 터널은 벗어났고, 이제는 여명이 비추기 시작했다고 판단합니다. 따라서 올해는 높이 날기 위한 준비 작업을 하는 해가 되어야 한다고 생각하며, 내년부터는 밝은 빛이 우리 주변을 확 감싸고 돌 것으로 봅니다.

지금 지구의 종말이 온다는 분들도 있지만, 종말이 아니라 새 세상이 온다면? 어차피 종말이 온다면 너나 나나 모두 없어지는 것이고, 새 세상이 온다면 준비한 자와 준비하지 않은 자의 차이는 극명하게 갈리겠지요. 여러분은 어느 것을 선택하시겠습니까?

제가 지난해부터 투자하려는 분들에게 강조하는 말이 있습니다. 돈이 있는 분들은 지금 매수 타이밍에서 투자하라는 겁니다. 돈이 조금 있다면 그 안의 범위에서라도 우선 투자하라고 합니다. 그런 다음 경기가 좋아지는 신호가 보이는 시기에는 레버리지를 활용하여 투자하라는 것입니다. 즉, 현재 투자한 물건과 새로 투자할 물건에서 대출을 받으면 충분히 투자할 수 있습니다. 다만, 지금은 레버리지 투자 시기는 아니라고 얘기합니다.

이렇게 해서 2~3년 후에 전체적인 경기와 부동산시장이 좋아지고 투자수익이 난 부동산을 하나씩 처분한다면 이게 바로 매도 타이밍입니다. 남들이 별로 쳐다보지 않을 때가 부동산 매수 타이밍이고, 남들이 모두 몰려들어 아우성을 칠 때가 바로 매도 타이밍이라는 얘기입니다.

부동산은 흔히들 환금성이 없다고 말합니다. 특히, 토지는 더

하다고 합니다. 왜 환금성이 없다고 생각할까요? 물론, 저 시골의 산이나 농지에 투자한 경우에는 그럴 수도 있습니다. 그러나 지금 같이 남들이 안쳐다 볼 때 투자하고, 남들이 들어올 때 매도하면 짧게는 2~3년, 길면 3~5년 이내에 환금이 됩니다. 팔고 나서 조금 있으면 다시 구입 타이밍이 됩니다. 자꾸 남들 따라서 투자 타이밍을 잡다 보니 투자에서 실패하거나 수익을 올리지 못합니다.

올 한 해는 경거망동하지 말고 가진 돈의 범위 안에서 투자할 때라고 봅니다. 수도권의 대부분 지역은 다 좋습니다. 개발 압력이 가해지고 이제부터는 토지보상금이 계속 풀릴 테니까요. 그러나 성장 가능성이 있는 국한된 지역이라야 합니다. 특히, 지방에서는 행정기관이 옮겨가는 행정타운이나 그 주변지역에 투자를 적극적으로 권합니다. 이는 영원한 투자 포인트입니다. 도로가 개설되고 항만이 개설되고 하는 지역 또한 영원한 투자처입니다. 그렇다고 고속도로가 나는 주변에 무조건 투자하면 잘되겠지요? 고속도로나 자동차전용도로는 나들목에서 기존 연결되는 도시 사이의 국도 주변이 아닌 이상 투자하면 애물단지 하나 더 늘리게 됨을 명심하십시오.

특히, 올해까지는 양도소득세가 유예되는 시기입니다. 현재 보유하고 계신 다주택이나 비사업용 토지를 2013년 12월 31일까지 매도할 때는 일반세율이고, 2013년 12월 31일까지 새로 구입하는 다주택이나 비사업용 토지도 나중에 매도할 때에 일반 세율이 적용됩니다. 이러한 제도를 잘 활용하여 자산관리와 투자에도 적극적으로 활용해야 할 것입니다.

올해의 부동산 시장!

바로 이 말로 대변하고 싶습니다.

이 세상에 누구에게나 다 좋은 부동산은 없습니다.

나에게 가장 잘 맞는 부동산에 제때에 투자해야만 부동산 투자로 성공할 수 있습니다. 이에 가장 적절한 단어입니다.

호시탐탐(虎視眈眈)

글을 마치면서

농지 오케이 윤세영의 부동산 투자 재테크 - YouTube

책을 통해 부동산 투자를 생활화하라고 계속 강조했습니다.

이를 보며 글쓴이 자신은 얼마나 어떻게 실천하는지 궁금한 분이 많을 것 같아 글을 마치면서 내가 실천하는 사례를 소개하고자합니다.

요즈음은 책이나 강의에서 전하지 못하는 것들을 농지 오케이 윤세영의 부동산 투자 재테크 - YouTube (https://www.youtube.com/channel/UClvCJZ_aNvnQYITqtIItX7Q)라는 유튜브 동영상을 통하여 전하고 있습니다. 다른 것은 몰라도 농지투자에 대한 궁금한 것들을 알 수 있는 좋은 기회가 되리라고 봅니다. 많이 활용하시기 바랍니다.

한편으로는 요즈음 시대에 맞추어서 ZOOM으로 수시로 실시간 강의도 하고 있습니다.

다음으로 먼저 현장답사 모임은 현재 운영하는 '다 같이 부자 되기' 카페 회원들과 2008년 3월부터 현재까지 매월 실시하고 있으며, 매년 1회 이상 공개 세미나도 개최하고 있습니다. 자세한 답사내용과 세미나 운영 내용은 카페에서 확인해 보시기 바랍니다.

　http://cafe.naver.com/dabujadl

　두 번째로는 내가 평소에 실천하는 부동산 생활화와 관련된 글을 소개합니다.

"휴일에 가족과 함께 부동산 답사 여행을 하다"

http://cafe.naver.com/dabujadl/4487

화창한 휴일 잘 보내셨나요?

이번 휴일에는 김포에서부터 대부도까지 아내와 딸과 함께 부동산 현장답사, 아니 서부권 상부 지역 부동산 탐방을 했습니다. 아내는 이미 부동산을 보는 안목이 상당한 수준을 갖춘 실력자이지만, 이번에는 이제 부동산에 조금씩 눈을 뜨는 딸을 위한 특별한 여행이었습니다. 그동안 재개발과 아파트, 그리고 좁은 부동산을 보았다면, 직접 넓은 개발지역과 예정지 등을 둘러보는 그런 자리를 마련하고자 했습니다.

이제 스물여덟 살의 나이에 유치원 교사인 그에게 다소 이상한 아버지일지는 모르지만, 어려서부터 용돈을 모으고 불리는 경제교육을 했고, 직장인이 되어서는 월급보다는 경영에 더 관심을 두도록 대화와 지도를 했습니다. 이미 뉴타운지역과 자그마한 땅에도 투자해 보았으니 좀 더 큰 것을 가르치고 싶은 나의 욕망이 앞섰던 것은 아닐까도 생각했지만, 딸 아이는 나의 뜻을 잘 따라주고 있습니다.

머지않아 좋은 짝을 만나 나의 곁을 떠나겠지만, 조금이라도 더 알려주어 나보다는 더 나은 경제관념으로 생활할 수 있도록 성장하게 하려는 나의 심정을 아는 것인지….

김포 신곡리 일대는 몇 개월 사이에 변해가는 모습이 눈에 확 들어왔고, 향산리 일대, 그리고 김포 신도시지역과 파주가 보이는 하성 지역은 아직은 미미한 움직임 정도이나, 향후 큰 변동을 예고하는 듯 웅크리고 있는 기세였습니다.

강화에서는 강화읍과 개성도로가 연결될 양사 또는 교동으로 가는 창후리 뒤편과 교동으로 들어갔다가 이왕 간 김에 석모도에 들렀습니다. 이곳도 지난번 큰 폭으로 상승하였으나 토지거래허가가 강화되면서(인천사람이 못 사게 되면서) 아직은 숨을 죽이는 그런 형태였습니다.

그리고 초지대교를 거쳐 대곶면과 서구를 지나 청라지구를 한번 돌아보고, 낚시하시는 분에게서 붕어 한 바구니를 사서 가져와 붕어찜을 맛나게 해먹었습니다.

한마디로 김포는 엄청난 변화의 속도를 느낄 수 있었지만, 강화는 별로 변동이 없었습니다. 그러나 죽어 있는 것은 아니고 잠시 숨을 고르는 듯한 인상을 받았습니다.

일요일에는 인천시청 주변 재개발아파트 숲 속을 지나서 구 송도로 해서 송도매립지를 둘러보고, 소래포구로 와서 회로 점심을 먹고 시흥염전과 시화공단으로 해서 시화방조제를 거쳐 대부도에서 일몰을 보고, 바지락 칼국수로 마무리하고 돌아왔습니다. 송도신도시 개발은 아직 감이 잡히지 않았으나 남동공단이나 시화공단에 빈 공장들이 없다는 것, 그리고 가격이 많이 올랐다는 것을 보니 앞으로 이 지역의 무한한 가능성을 짐작게 했습니다.

배우자와 딸에게는 다소 지루한 느낌을 받을 만한 현장 답사 여행이었으나 즐거운 마음으로 오히려 나보다 더 과장하면서 같이 해준 그들에게 감사하고, 그 같은 가족이 있어 행복을 느낀다면 내 욕심이 과한 것일까?

여러분도 가족과 같이 이러한 여행을 즐겨 보세요. 전체를 돌기 어려우면 어느 한 곳이라도, 아니면 어디 다녀오다가 한곳이라도 말입니다.

제가 이 이야기를 올리는 것은 부동산에 대한 투자에 성공하려면 관심과 노력이 없으면 안 되고 또한 현장 확인이 중요하기 때문입니다. 본인의 관심은 물론이고 가족들의 관심사항도 공통일 때 그 효과는 배가 될 것이며, 자라나는 자녀들에게는 근검절약의 경제실천은 물론이고, 부동산에 대한 관심을 두는 길을 열어주는 것이 또한 중요하다고 느끼기 때문입니다.

제가 만난 모든 부자가 자녀에게 경제교육과 부동산 투자에 대해 교육하는 것을 보고, 저도 그동안 조금 터부시했던 부동산에 대

하여 자녀들에게 가르치고 있습니다. 한번 여러분도 실천해 보기
를 바랍니다.

이제는 서해안시대가 열린다고 말합니다. 파주, 고양에서 김
포, 청라, 송도, 시화방조제, 화성, 평택, 당진에 이어서 안면도, 군
산 앞 새만금방조제로 이어지는, 그러면서 그 안쪽으로 두텁게 형
성되는 파주 LCD단지, 남동공단, 시화공단, 교하지구, 검단지구,
김포지구, 광교, 판교, 동탄, 동 동탄, 세교, 아산, 세종시 등등의 신
도시 건설지역들이 널려 있지요. 지금 서해안 벨트 중심축에서 서
쪽으로는 이루 헤아릴 수 없는 신도시와 택지개발지구, 공단 등이
들어서고 있습니다.

아파트에 대해서 잠깐 살펴보자면 요즈음 미분양 아파트에 대
한 기사가 계속 나오고 있습니다. 부동산 세제의 개편안에 대한 기

사도 심심치 않게 나오고 있습니다. 이는 부동산 규제의 완화를 위한 서막의 전주곡으로 들립니다. 과거에도 미분양이라는 악재가 나오면 오래지 않아 규제가 완화되고, 그러다가 또 부동산에 몰리면 다시 규제하는 그런 구조였듯이 말입니다.

잘하면 다시 10년 주기설과 5년 주기설이 겹친다는 그때, 한번은 다시 올 것이라는 부동산, 특히 아파트에서 기회를 잡을 수 있는 절호의 시기가 아닌가 합니다. 부동산은 매입의 시기도 중요하지만, 매도의 시기도 매우 중요합니다. 내가 살 때 싸게 잘 사기도 해야 하지만, 내가 팔 때 비싸게 잘 파는 것이 더 중요하지요. 한두 푼 투자하는 것도 아닌데….

항상 관심 두시기를!

끝으로 이 글을 읽고 나서

한 가지라도 얻은 것이 있다면, 한 가지라도 깨달은 것이 있다면, 또는 새로운 결심을 하는 계기가 된다면,

더없는 영광으로 알겠으며, 앞으로 더욱더 좋은 정보를 가지고 여러분 곁으로 다가가도록 하겠습니다.

항상 건강하고 웃음꽃 피우는 행복한 생활이길 바랍니다.